소동의 리더십을
보여 줘

내가 **꿈꾸는 사람** _ 정치가

초판 1쇄 2014년 7월 11일
초판 3쇄 2022년 5월 2일

지은이 박원복

책임 편집 박은정, 임나윤
마케팅 강백산, 강지연
표지디자인 권석연
본문디자인 김태수
사진제공 게티이미지코리아, 위키피디아, 주한브라질문화원

펴낸이 이재일
펴낸곳 토토북
주소 04034 서울시 마포구 양화로11길 18 3층 (서교동, 원오빌딩)
전화 02-332-6255
팩스 02-332-6286
홈페이지 www.totobook.com
전자우편 totobook@korea.com
출판등록 2002년 5월 30일 제10-2394호
ISBN 978-89-6496-193-3 44990
ⓒ 박원복 2014

· 이 책에 실린 사진은 자료의 출처를 찾아 저작권자의 허락을 받기 위해 최선을 다했으며, 저작권자를 찾지 못한 일부 사진
  은 저작권자와 연락이 닿는 대로 허락을 구하겠습니다
· 이 책에서는 한국 포르투갈−브라질학회와 주한 브라질문화원이 공동으로 마련한 포르투갈(브라질)어의 한국어표기법에
  따라 표기했습니다.

· '탐'은 토토북의 청소년 출판 전문 브랜드입니다.
· 잘못된 책은 바꾸어 드립니다.

내가 **꿈꾸는 사람** _ 정치가

룰라, Lula da Silva
소통의 리더십을
보여 줘

글 박원복

티
ㅁ

룰라처럼 포용할 줄 아는
정치가가 되기를

필자가 브라질로 유학을 갔던 것은 1986년이었습니다. 그때가 20대 후반의 나이였고요. 약 6년 5개월가량 브라질에서 살았습니다. 지리적으로 지구의 정반대에 위치한 브라질은 문화적으로도 우리나라와는 많이 달랐습니다. 그렇게 다른 사회에서 살다가 한국에 왔을 때 많은 것이 혼란스러웠답니다. 왜냐고요?

그 세월 동안 우리나라가 많이 변한 것도 있지만, 저 역시 브라질에 살면서 많이 변했기 때문이었습니다. 제가 변한 사실을 저 자신도 몰랐던 것이죠. 그 과정에서 한 가지 깨달은 것이 있습니다. 사람은 환경에 따라 변할 수 있으며, 무엇을 생각하든 자기가 태어난 나라의 기준으로만 본다든가 또는 내 생각만 옳고 다른 사람의 생각은 틀리다고 생각하는 것은 매우 위험하다는 것을요. 이 생각은 룰라 대통령을 만나고 연구하면서 더욱 확고해졌습니다.

룰라 대통령을 처음 만난 것은 2005년, 그가 우리나라를 공식 방문했을 때였어요. 그 직전에 룰라의 일대기와 관련된 책을 번역

한 적이 있어서 나름대로 큰 기대를 하고 있었지요. 서울에서 있었던 우리나라 경제 4단체장 초청 오찬 모임에 통역으로 참석한 저는 긴장되기도 했지만, 우선 선반공 시절에 왼손을 다쳤다는 책 내용이 기억나 그의 옆자리에 앉자마자 제일 먼저 손을 보았습니다. 역시 왼손 새끼손가락이 없었습니다. 순간 '많이 아팠겠구나' 생각하면서 통역을 시작했습니다.

그의 말 한마디 한마디에는 힘이 있었고, 중요한 문제를 얘기할 때면 부리부리한 눈에서 광채가 났습니다. 하지만 그 와중에도 농담하는 여유를 잊지 않았습니다. 그렇게 좌중과의 대화를 주도하는 모습에서 중학교 학력의 선반공 출신이라는 인상은 전혀 찾아볼 수 없었습니다.

모임이 끝난 뒤에 궁금증 하나가 머리에서 떠나지 않았습니다. '그토록 가난한 가정에서 태어나 학벌도 변변치 않고, 든든한 배경도 없던 그가 어떻게 2억 명에 가까운 대국 브라질의 대통령이 되었을까?' 그가 퇴임한 다음에는 또 다른 궁금증이 생겼습니다. '어떻게 나라를 다스렸기에 2010년, 8년의 임기를 마칠 즈음 전체 국민의 87%로부터 잘했다는 박수를 받을 수 있었을까?' 이 의문들은 그에 대해 연구하는 과정에서 하나둘씩 풀렸고, 그 내용을 담은 것이 바로 이 책입니다.

브라질은 이 지구상에 존재하는 거의 모든 민족과 인종이 모여 사는 곳입니다. 즉 나와 피부색이 다르고, 문화가 다르고, 언어가 다르고, 전통이 다른 사람들이 모여 크게 싸우지 않고 평화롭게 사는 곳이란 뜻입니다. 그런 나라를 성공적으로 다스렸던 룰라에게 배울 점이 있다면 나와 모습, 생각, 행동이 다른 사람 또는 내 집보다도 잘살거나 못사는 사람 상관없이 상대방의 말과 행동에 귀 기울이며 존중했다는 것입니다.

나와 다른 사람을 미워하고 따돌리는 것은 달리 보면 그 상대방 또한 나를 미워하고 따돌릴 수 있음을 의미합니다. 그렇다면 모두는 결국 서로 싸우고 불행해질 것입니다. 상대방이 나와 다르다는 것이 잘못되거나 나쁜 것은 아니지요? 상대방이 나와 다름을 인정할 때 나 역시 다른 사람으로부터 존중받을 수 있습니다.

인류 사회는 자연 속의 많은 나무만큼이나 다양한 사람들이 모여서 만들어진 것입니다. 왕따 문화가 없는 사회가 건전한 사회이고 서로가 다름을 이해하고 받아들이는 문화를 만들어 이끌어가는 것이 지도자의 가장 큰 덕목 중 하나라고 생각합니다. 룰라 대통령이 성공적으로 임기를 마칠 수 있었던 것도 어느 집단이나 계층을 자신과 다르다는 이유로 차별하지 않았기 때문입니다.

룰라처럼 다양한 개성의 사람들을 포용하고 이끌 수 있는 차세대 지도자들이 앞으로 많이 나왔으면 좋겠습니다.

박원복

작가의 말
룰라처럼 포용할 줄 아는 정치가가 되기를   004

프롤로그
룰라 대통령을 아세요?   010

1
Lula da Silva

가난하고 소심한 꼬마

가난에 찌들었던 소년 시절   016
아버지의 무관심과 어머니의 사랑   025
구두닦이와 행상 소년으로   034
선반공이 된 소년   040

2
Lula da Silva

세상을 바꿀 거야

소중한 인연을 만나다   054
노조에 가입하다   057
상실의 아픔, 그리고 방황   068
다시 치열한 삶 속으로   076
노조의 핵심 인물로 떠오르다   087

3 Lula da Silva

시련의 13년, 대통령을 꿈꾸다

'강한 룰라'로 거듭나다 **100**

파업의 선두에 서다 **108**

시련과 극복 **124**

세 번의 대통령 후보 **147**

4 Lula da Silva

세계가 부러워하는 지도자로

'미래의 나라' 대통령이 되다 **172**

기아 존재하는 한 세계평화 없다 **185**

세계의 정치 지도자로 **192**

5 Lula da Silva

룰라처럼 정치가를 꿈꾼다면

정치가가 되려면… **202**

영화 속 정치 이야기 **216**

세기의 대통령 **228**

함께 풀어 볼까요? **240**

청소년들의 정치 활동 이야기 **206**

알기 쉬운 정치 도서 **222**

한국의 민주화운동 **234**

룰라 대통령을 아세요?

중학교 학력, 노동자 출신 대통령

"선반공이 공장에서 나와 대통령에 당선되었다는 걸 의심하는 사람이 아직도 브라질에 있다면, 이 당선증은 그와 같은 의심이 틀렸음을 증명한 것입니다. 대학 졸업장이 없는 사람이라고 멸시를 받았는데… 이제 졸업장은 아니지만, 이 나라의 대통령이라는 증명서를 받게 되는군요."

2002년 12월 14일, 대통령 당선인 증을 받는 자리에서 룰라가 감정에 북받쳐 눈물을 흘리며 한 말입니다. 중학교밖에 나오지 않은 노동자 출신의 그가 우리나라 남한 땅 넓이의 86배가 넘는 브라질의 대통령이 된 거예요. 대통령 선거에 세 번 떨어졌지만 포기하지 않고 네 번째 다시 도전해서 이뤄 낸 결과였죠. 그것도 61.3%라는 국민들의 높은 지지를 받으면서 말입니다.

가난한 서민들의 대통령

"배고픔을 겪는 브라질 형제가 있는 한 저는 부끄러움에 얼굴을 들지 못할 것입니다. 룰라 정부의 최우선 정책은 '기아 제로'라는 식량 계획입니다. 임기가 끝나갈 무렵, 모든 브라질 국민이 아침, 점심, 저녁을 거르지 않고 먹을 수 있다면 저는 필생의 임무를 다한 것으로 생각하고 만족할 것입니다."

가난한 어린 시절을 보낸 룰라는 서민들의 배고픔과 설움을 너무나도 잘 알고 있었어요. 그래서 룰라는 브라질에서 가장 시급한 문제인 굶주림에 집중했고, 그 해결책으로 '기아 제로'와 '보우사 파밀리아'라는 최저생계비 보장 제도를 추진했죠. 정부의 지원금을 받으려면 반드시 자녀의 학교 출석률이 85%를 넘고, 아이들에게 필요한 백신주사를 맞혔다는 증명서를 제출하도록 했어요. 문맹률이 15%나 되는 상황을 해결하면서 동시에 저소득층에게 복지 혜택을 주는 일석이조의 정책이었답니다.

초지일관 변함없는 대통령

"사람들은 대개 자신이 처한 위치에서 세상일을 판단합니다. 가난한 사람들과 가까이 있는 사람은 가난한 사람들을 기준으로 생각하겠죠. 그러다가 얼마 뒤 부자들과 함께 있게 되면 부자처럼 생각하고요. 저는 대통령직에 올랐습니다만, 저의 가난한 출신과 배경에 대하여 잊지 않을 겁니다."

대통령이 되었다고 해서 달라지지 않을 것이며, 자신이 경험했던 가난을 잊지 않고 가난한 사람들 편에서 일하겠다는 룰라의 다짐을 잘 나타내는 연설이에요. 당선된 이후 자신의 잇속만 챙기기에 바쁜 위정자들과는 다른 모습이지요?

브라질 경제를 살린 대통령

"저는 이렇게 생각합니다. 부자는 국가의 도움을 필요로 하지 않습니다. 하지만 가난한 서민은 국가와 사회의 관심과 도움이 필요합니다. 이상하게 들릴지 모르지만 솔직히 저는 부자에만 관심이 있습니다. 가난한 사람도 부자가 되는 그런 브라질 말입니다."

저소득층에게 혜택이 돌아가면 그만큼 각 가정의 소비 수준이 높아지기 때문에 자연히 기업을 가진 사업가들도 물건을 많이 팔

수 있어요. 이런 선순환 구조를 갖게 되면 나라 전체가 잘살고 국민 소득이 높아지지요.

룰라 집권 시기 8년 동안 브라질 경제는 높은 성장률을 유지했어요. 그 결과 룰라는 4년 만에 대통령 선거에서 다시 당선되었답니다.

물러나는 순간까지도 지지율 87%, 인기 대통령

"신은 한 사람에게 두 번 선물을 주지 않는다. 다시 대통령이 되기를 바란다는 것은 미친 짓이다."

룰라가 퇴임을 사흘 앞둔 북동부의 한 정유시설 기공식에서 한 말이에요. 2014년 대선 재출마 여부를 둘러싼 그간의 논란에 대해 한마디로 일축한 것이었죠.

헌법에 따라 3연임은 불가능하지만 4년 뒤 재출마한다면 당선은 따 놓은 당상이었지만 '세계에서 가장 인기 있는 대통령'은 '아름다운 퇴장'을 선택했어요. 2011년 새해 첫날 자신의 후계자 지우마 호우세피에게 대권을 넘겨주고 일반 시민으로 돌아갔습니다.

1

Lula da Silva

가난하고

소심한꼬마

가난에 찌들었던
소년 시절

"어머니는 북동부 빈민촌을 벗어나기 위해
가지고 있는 것을 모두 팔아 치우기 시작했다.
시계, 나귀, 수호성자들의 조각상, 가족사진 등 닥치는 대로 팔았다."

룰라 자서전 『다른 세계는 가능하다』 중에서

룰라는 브라질에서도 가장 가난한 땅, 가라늉스에서 태어났습니다. 룰라의 가족은 뿔뿔이 흩어져 열심히 일했지만 가난에서 벗어날 수 없었어요. 결국 룰라의 가족은 대도시로 이사하기로 결정했고, 여행 도중 룰라는 난생처음 큰 강을 보게 됩니다. 항상 물이 부족해 더러운 웅덩이 물을 마셨던 그에게 새로운 세상이 펼쳐진 거예요. 크고 풍부한 강을 보며 룰라는 무엇을 꿈꾸었을까요?

얘야, 이 세상의 빛이 되어라!

메말라 농사도 안되고 의료시설도 없는 몹시 가난한 마을이 있습니다. 마을 사람들의 평균 수명이 마흔 살이고, 신생아 세 명 중 한 명은 태어나자마자 사망할 만큼 척박한 곳, 가라늉스Garanhuns였어요. 수도 상파울루São Paulo에서 고속버스로 꼬박 이틀을 가야 하는, 가난한 브라질에서도 가장 헐벗은 작은 마을이었죠.

룰라의 아버지 아리스찌지스 이나시우 다 시우바는 검은 머리에 갈색 눈을 가진 단단한 체격의 남자였습니다. 잘생기고 키도 커서 마을 처녀들이 마음 졸이며 좋아했던 인기 많은 사나이였지요. 여우같이 빠른 동물도 돌팔매질로 잡을 정도로 힘이 세서 별명이 '돌팔매 사냥꾼'이었어요.

룰라의 어머니 린두 여사는 이탈리아계로 금발 머리에 푸른 눈을 가졌어요. 심성이 곱고, 웃음이 많고, 긍정적인 성격을 가진 여성이었어요. 아버지만큼이나 마을 총각들에게 인기가 많았답니다.

둘은 같은 동네에서 만나 결혼하게 됩니다. 당시에는 좁은 마을에서 서로 잘 아는 사람끼리 결혼하는 게 흔한 일이었어요.

룰라는 이 둘 사이에서 8 남매 중 일곱째로 태어났어요. 1945년, 제2차 세계 대전이 막 끝나는 시점이었죠.

"아가, 이 세상의 빛이 되어라. 너를 루이스라고 부를 거야."

어머니 린두 여사는 자신을 똑 닮은 아이를 안고 기대와 희망을 담아 루이스 이나시우 다 시우바_{Luiz Inácio da Silva}라는 이름을 지어 줍니다. 루이스는 라틴어로 '빛 또는 광명'을 의미해요. 가족들은 루이스를 '룰라'라는 애칭으로 불렀는데, 이 이름은 훗날 그가 유명해지면서 1981년에 정식 이름이 됐어요.

룰라 가족의 삶은 참으로 팍팍했습니다. 8 남매를 먹여 살리기 위해 아버지는 일찍 대도시로 떠나야 했고, 어머니는 밤낮으로 일해야 했어요. 룰라는 큰누나 마리네찌의 손에서 자랐습니다. 토끼와 비둘기 사냥을 해 푼돈을 보탰던 형들은 항상 어린 룰라를 떼어 놓고 나갔어요. 룰라는 장난감 없는 집에서 흙장난하며 혼자 놀아야 했습니다.

엄마, 키비 더 없어요?

먹을 게 흔치 않던 시절이었어요. 식탁에는 달랑 밀가루로 빚은 전병과 커피뿐이었어요. 조금 주머니 사정이 좋은 날에는 키비를 먹을 수 있었답니다. 강낭콩을 갈아 밀가루와 섞은 뒤 빚은 빵이었는데, 룰라는 키비를 좋아해서 언제나 아쉬운 듯 "더 없어요?"를 외치곤 했어요.

대개의 사람이 그렇듯 룰라도 다섯 살 이전까지는 별로 기억에 남는 게 없다고 해요. 하지만 이 일만큼은 지금도 선명하게 기억하고 있답니다.

도시에 나갔던 아버지가 처음으로 집에 돌아오신 날이었어요. 아버지는 무뚝뚝하고 말수도 많지 않았어요. 아이들을 안아 주는 대신 집에서 기르는 개 로부와 노는 시간이 많았을 정도였으니까요. 룰라와 형제들은 모두 낯선 아버지를 어려워했죠. 화난 사람처럼 식사를 하는 아버지를 묵묵히 바라보는 게 기억의 전부였어요. 아버지가 돌아오면서 집안 분위기는 무겁게 가라앉았지만 그렇다고 나쁘기만 한 건 아니었답니다. 식사 때마다 별식이 나오는 횡재를 누릴 수 있었거든요.

하지만 아버지는 곧 자신이 일하던 상뚜스 항구_{Santos}로 떠났어요. 큰형 자이미만을 데리고 말이죠. 룰라 가족들은 다시 아버지 없는 이전 생활로 돌아가야 했답니다.

아버지를 찾아 상뚜스로 떠나다

"엄마, 형에게서 편지가 왔어요."

큰형 자이미로부터 안부 편지가 도착한 날이었어요. 식구들은 모두 우르르 모여 침을 꼴깍꼴깍 삼키며 둘째 형이 읽는 편지에 귀를 기울였어요. 형의 도시 생활이 궁금했고, 뭔가 새로운 일이 터질 것 같은 기대감 때문이었죠.

그리운 엄마와 동생들! 이곳 상뚜스의 생활은 새벽부터 시작됨니다. 고되지만 할 일이 많고, 사람들이 먹을 걱정은 안 해요. 엄마, 아이들과 함께 여기로 오세요. 아빠도 가족들이 오기를 고대하고 계세요.

사실 큰형 자이미는 아버지를 따라 상뚜스로 갔지만 마음에 상처를 받았어요. 아버지가 다른 여자와 살고 있었기 때문이에요. 어머니와 동생들이 그리웠던 자이미는 글자를 모르는 아버지를 속이고 식구들을 초대하는 글을 집어넣은 거였어요.

결국 아들의 편지에 용기를 낸 린두 여사는 아이들을 데리고 남편이 있는 상파울루로 떠날 것을 결심합니다.

"여기서 굶어 죽느니 차라리 상파울루로 가다가 죽자."

하지만 대가족의 이사는 험난한 고생길을 예고하고 있었어요. 무려 보름이나 걸리는 긴 여정이었거든요. 많지 않은 세간이지만 가족들은 며칠 걸려 짐을 꾸려야 했어요. 버릴 건 버리고, 꼭 필요한 것만 추려 내야 했죠.

린두 여사는 세간을 팔아 장만한 돈으로 '빠우-지-아라라'라고 하는 트럭버스 티켓을 구입했어요. 짐칸 일부에 좌석을 만들어 개조한 트럭이었죠. 물론 따로 잘 곳은 없었어요. 맑은 날에는 길 위에 자리를 깔고 잠을 잤고 비라도 오는 날에는 트럭 밑에서 잠을 청해야 했어요.

보름 동안 옷을 갈아입을 수도, 제대로 먹거나 용변을 볼 수도

훌라와 누나 마리네찌

린두 여사
훌라

상뚜스 항구 해변에서 가족과 함께 (1956)

없는 형편이었어요. 룰라가 고향에서 입고 출발한 티셔츠는 한 번도 갈아입지 않아 썩은 내가 진동했고, 낡아서 여기저기 구멍이 나 있었어요.

한번은 여행 도중 룰라를 잃어버릴 뻔한 아찔한 순간도 있었어요. 룰라가 트럭버스에서 내려 급히 소변을 누고 있었는데, 식구가 많아서 일일이 숫자를 헤아리지 못한 운전기사가 그만 차를 출발시킨 거예요.

"엄마, 아저씨! 형! 같이 가!"

어린 룰라는 정신없이 트럭버스를 쫓아갔답니다. 마침 누나가 뛰어오는 룰라를 발견하고 차를 세우지 않았다면 룰라는 미아가 됐을지도 모르겠어요.

말로는 다 할 수 없는 힘든 여정이었지만 마음이 확 깨는 감동을 맛본 적도 있었어요. 트럭버스로 열흘 이상 달렸을 때 룰라 형제들은 난생처음 강이라는 것을 보았답니다. 브라질에서 아마존 다음으로 큰 사웅프랑시스꾸Rio São Francisco 강이었어요. 룰라는 그저 입을 딱 벌리고 말았죠.

"우아! 강이다! 바다야!"

룰라의 고향은 바다에서 멀리 떨어져 있는 곳이었고, 가뭄이 자주 들어 늘 물이 부족했기 때문에 이따금 비가 고인 웅덩이 물을 먹곤 했습니다. 때문에 그렇게 크고 물이 풍부한 강을 처음 본 감동은 룰라에게 잊지 못할 기억으로 남게 되었어요.

©Renato Lopes

2,830킬로미터 길이의 '사웅프랑시스꾸 강'

사웅프랑시스꾸 강은 브라질 동북부에서 아마존 강과 함께 중요한 역할을 하는 강이에요. 이 강 일
대는 건조해서 수량이 적긴 하지만 곳곳에 급류를 이루는 곳이 많아 큰 수력 발전 댐이 여러 개 건
설되어 있기도 해요. 북동부와 남동부의 다양한 기후 및 지역을 통합시키는 역할을 한다고 해서
'국가 통합의 강(rio da integração nacional)'이라 불리기도 합니다.

후일 대통령이 되자 가뭄으로 고통받고 있는 북동부 지방을 구하기 위해 룰라는 사웅프랑시스꾸 강의 일부를 북동부 가뭄 지대로 끌어오는 대공사를 이끌게 됩니다. 그때 많은 사람의 반대에 부딪혔어요.

　　"북동부까지는 너무 멀어서 물을 끌어대기가 어렵습니다."

　　"어렵지만 꼭 해야 합니다. 많은 사람이 가뭄으로 고통받고, 죽어 가고 있어요."

　　"예산이 많이 들고, 비용 대비 효과를 보장할 수 없습니다."

　　하지만 결국 룰라는 700킬로미터나 되는 물길을 새로 만들어 사웅프랑시스꾸 강의 풍부한 물을 북동부에 끌어대는 데 성공합니다.

　　"이 사업에 반대했던 사람들은 생전에 더러운 물을 먹어 본 적이 없었습니다. 저와 형제들은 어렸을 때 소 떼가 먹던 물을 먹고 자랐습니다. 늘 배가 아팠고 식중독에 시달려야 했죠. 이제 더 이상 그런 비극은 없어야 합니다."

　　어린 시절, 상파울루로 가는 길에 봤던 어마어마한 사웅프랑시스꾸 강은 이렇게 룰라의 가슴에 깊은 인상을 남겼고, 그것이 북동부 사람들을 오랜 가뭄에서 구해 낸 결정적인 계기가 되었어요.

　　룰라는 사웅프랑시스꾸 관개사업으로 중요한 것을 깨닫게 됩니다. 국민의 목숨이 달린 문제는 그것이 아무리 어렵고, 예산이 많이 들더라도 반드시 해야 한다는 것을 말입니다.

아버지의 무관심과
어머니의 사랑

"무지하고 냉정했던 아버지를 생각하면 안타까운 생각만 든다.
너무도 이기적인 분이었다. 아버지는 1978년 끝내 빈곤을 벗어나지 못하고
홀로 가난하게 저세상으로 가셨다."

룰라 자서전 『다른 세계는 가능하다』 중에서

힘든 여정 끝에 아버지를 만났지만 아버지는 룰라와 가족을 반기지 않았어요. 룰라와 형제들은 각자 살길을 찾아야 했지요. 하루도 쉬지 않고 무거운 땔감을 나르고 땅콩을 팔면서 룰라는 위기를 극복하는 법을 배워 갔어요. 그런 룰라에게도 아버지의 학대는 견디기 힘든 것이었어요. 폭행에 시달리며 꿈마저 잃어 가는 아들을 보며 어머니는 중대한 결심을 하게 됩니다.

상뚜스에서의 삶

트럭버스를 타고 약 보름 동안의 힘든 여정 끝에 룰라의 가족은 상뚜스 항구에 도착했어요. 하지만 부푼 마음도 잠시, 현실은 참으로 실망스러웠습니다. 아버지는 새어머니와 살고 있었고, 그들이 살 집은 형편없이 초라했어요.

더구나 아버지는 꾀죄죄한 몰골로 찾아온 가족들을 반가워하지 않았답니다. 가족들을 만나 처음 내뱉은 한 마디가 강아지 안부였을 정도로요.

"로부는? 로부는 안 데리고 온 거야? 사람들이 인정머리 없기는…. 내가 그렇게 애지중지했는데 버리고 왔단 말이야?"

로부lobo는 포르투갈어로 '늑대'를 뜻해요. 자신이 직접 이름을 지어 주고 정을 줬던 강아지였죠. 아버지는 강아지 때문에 먼 길을 온 식구들에게 첫 대면부터 화를 내고 말았어요. 앞으로 린두 여사와 룰라 형제들에게 닥칠 삶이 어떨지 예측할 수 있는 상황이었어요.

아버지가 룰라 형제들과 린두 여사를 위해 얻은 집은 수도도 전기도 들어오지 않는 허름한 집이었습니다. 가족들이 고향을 떠나올 때 상상했던 환경과는 너무 거리가 멀었어요.

결국 룰라의 형제들은 각자 살길을 찾아야 했습니다. 형들은 석탄 공장과 조선소, 선술집에서 일해야 했어요. 당시 겨우 아홉 살이었던 누나 마리네찌도 남의 집 가정부로 들어가 일했답니다. 린두 여사 역시 대식구를 돌보며 가끔은 남의 집 빨래와 부엌일을 해 주고 푼돈을 벌었어요.

아버지는 이해할 수 없을 만큼 매정했어요. 주중에 힘들게 일한 아이들에게 주말에도 일을 시켰죠. 친구들과 만나 공을 차는 것도, 잡담하고 노는 것도 금지했어요.

외출 금지 명령을 어긴 아이에게는 호된 벌이 기다리고 있었어요. 데이트하러 나갔던 누나는 아버지의 억센 주먹에 맞아 정수리가 움푹 들어가기까지 했답니다.

아버지는 아이들이 외출하는 것은 물론 학교에 가는 것도 반대했고, 공부하거나 책을 읽는 것도 좋아하지 않았어요.

"책에서 돈이 나오나, 밥이 나오나. 공부해 봐야 헛바람만 들고, 부모나 무시하지. 연애편지나 써서 사고나 일으키고 말이야. 아무 소용없어!"

아이들의 모습이 안쓰러웠던 어머니가 몇 번이고 아버지를 설득해 보려 했지만, 아버지는 고집을 꺾지 않았어요. 아이들이 유일하게 외출 허락을 받을 수 있었던 건 장작을 하러 나갈 때뿐이었답니다.

하지만 아이러니하게도 아버지 자신은 '유식한 척, 글을 아는 척'을 하고 싶어 했어요. 부두노동자로 출근할 때마다 〈뜨리부나 지 상뚜스A tribune de Santos〉 신문을 사서 옆구리에 끼고 나갔어요. 낮

놓고 기역자도 몰랐지만 배를 타서는 때때로 신문을 거꾸로 든 채 척척 넘기며 고개를 끄덕끄덕하기도 했어요. 자신은 글을 아는 사람으로 대접받기를 바라는 허영이 가득 있었던 거죠.

잊지 못할 상처

작은집 식구들까지 모두 룰라 집에 모인 명절이었어요. 여느 때처럼 은근히 술에 취해 돌아온 아버지의 손에는 아이들이 꿈에 그리던 아이스크림이 들려 있었어요.

룰라 형제들을 포함해 작은집 형제들까지 아이들은 모두 이제나저제나 아이스크림이 자기 차례가 되기를 기다리고 있었어요. 드디어 룰라 차례가 되었는데 아버지가 갑자기 끼어들었어요.

"너는 어려서 아이스크림을 핥아 먹을 줄 모르지, 그렇지?"

그러고는 자신의 입으로 아이스크림을 쏙 넣어 버린 거예요.

어린 룰라는 그때 기억을 잊을 수 없었는지 성인이 된 후에도 이 일을 종종 얘기하곤 했답니다.

"나에게 아버지는 쌀통을 채워 주는 존재, 그 이상도 그 이하도 아니었다."

아버지의 이런 면은 어린 룰라에게 지울 수 없는 상처를 주었어요. 하지만 어머니의 따뜻한 보살핌과 다정한 형과 누나들 덕에 정서적으로 안정된 어린 시절을 보낼 수 있었어요. 어쩌면 아버지가 두 집 살림을 한 것이 룰라에게는 다행스러운 일이었는지도 모르겠어요. 어른들의 횡포에 맞설 수 있는 방법 중 하나는 그 존재로부터 멀리 떨어지는 것이거든요. 아버지가 작은집에 자주 머물렀던 것은 룰라에게는 작은 행운이었죠.

사실 아무런 부족함 없이 평탄하게 자란 사람들은 무탈하게 잘 살 수는 있어도 세상을 바꿀 만한 큰일을 하기는 어렵다는 옛말이 있어요. 스티브 잡스도 양부모의 손에 자랐고, 조앤 롤링도 이혼해서 생활비가 빠듯해 유모차를 끌고 카페에서 글을 썼죠. 옛 현인들도 귀양을 가서 필생의 대작들을 쓰곤 했으니까요.

꿈을 실현하기 위해서는 현재의 고통을 어떻게 견뎌 내느냐, 어떻게 반면교사로 삼아 배울 건 배우고 버릴 건 버리느냐가 중요하겠죠.

땔감에 눌린 거북 목

어렸을 적 룰라의 별명은 '거북 목'이었답니다. 땔감을 해서 머리에 이고 다니느라 그 무게에 목이 눌렸기 때문이에요. 지금도 룰라를 보면 목이 짧은데, 어렸을 때는 유독 두드러져 보였거든요.

당시 룰라가 살던 상뚜스는 강 포구에 있었어요. 땔감은 밀림에 가야 구할 수 있었기 때문에 룰라 형제들은 휴일에도 10킬로미터 이상을 걸어야 했답니다.

포구까지 걸어가서, 배를 타고 밀림 입구에 도착한 뒤 다시 자갈밭을 걸어 밀림까지 가야 하는 힘든 길이었어요. 자갈밭은 너무나도 울퉁불퉁했어요. 제대로 된 신발도 없어 발은 돌에 찢기고, 가시에 긁혀 상처투성이가 됐어요. 더구나 밀림 입구는 진흙탕이었어요. 몇 발자국 걷다 보면 진흙탕에 빠져서 발을 빼기가 여간 힘든 게 아니었죠.

이렇게 길이 험하다 보니 한꺼번에 땔감을 많이 해야 했고, 자연히 룰라가 한 번에 짊어져야 할 몫도 많아졌어요.

"룰라 거북, 목 좀 빼고 다녀!"

친구들은 룰라가 땔감을 머리에 많이 이고 다녀서 목이 거북처럼 오그라들었다며 툭 하면 그를 놀렸어요. 지금도 룰라의 목은 푹 꺼져 있는 거북처럼 보이는데 그때 장작에 눌린 탓이라고 생각하면 쉽게 웃어넘기긴 어렵겠죠?

"그때는 왜 그렇게 그 길이 길게만 느껴졌는지… 내 발은 항상 상처투성이였다."

룰라는 어린 시절을 회고할 때면 항상 장작을 이고 다니던 그때의 일요일을 떠올린답니다.

오렌지 행상

온 식구가 휴일 없이 일하는데도 형편은 좀처럼 나아지지 않았어요. 마리네찌는 부잣집 가정부로 들어갔고, 형 프레이와 룰라는 소년 행상이 되었어요. 상자에 끈을 매달아 목에 걸고서 땅콩과 따삐오까, 오렌지 등을 팔러 다녔어요.

괜찮은 수레나 좌판을 마련할 수 없었기 때문에 당시에는 이런 행상이 꽤 많았어요. 우리나라도 그 시절에는 '찹쌀떡', '메밀묵' 소년들이 골목을 누비며 장사하곤 했으니 1960년대 궁핍한 나라들은 아마 대개 이런 풍경을 갖고 있었을 거예요.

"오렌지 사세요! 농장에서 방금 따 온 싱싱한 오렌지예요!"

형 프레이는 활달하게 외치며 손님을 끌어모았어요. 어른들은 어린 남자아이들이 골목을 누비며 열심히 장사하는 모습을 대견하게 생각했어요. 어떤 날은 수입이 꽤 짭짤하기도 했어요.

하지만 룰라는 장사에 서툴렀죠.

"땅콩 사세요!"

이 말이 입에서만 맴맴 돌 뿐, 정작 탁— 하고 시원하게 내뱉어지질 않았어요. 프레이는 그런 룰라를 답답해하며 말했어요.

"룰라, 너도 좀 크게 외쳐! 사람들이 너만 본다고 생각하지 말고 말이야. 친구를 부르듯 큰 소리로!"

어린 룰라는 수줍고 조심스러웠어요. 집에서 연습할 때는 잘되는데 막상 거리로 나오면 주눅이 들었어요. 다른 사람들이 어떻게 생각할지 꽤 신경 쓰는 성격이었던 거예요. 스스로도 답답해서 '이다음에 커서 조용한 직업을 가져야겠다'고 결심하기도 했죠.

난생처음 해 본 장사는 룰라에게 많은 영향을 미쳤어요. 어떤 말을 해야 상대방이 좋아하는지, 어떻게 접근해야 부담스러워하지 않는지, 사람을 대하는 기본자세를 자신도 모르게 깨닫게 됐어요.

물론 쉽지는 않았어요. 남의 구역에서 장사를 하다가 불량배들에게 쫓기기도 했으니까요. 하지만 이를 통해 어떤 상황도 이겨낼 수 있는 근성이 생겼어요.

'내가 불량배들에게 쫓기면서도 돈을 벌었는데, 이걸 못 해?'

이런 경험들은 룰라가 숱한 고난을 당하면서 대통령이 되기까지 자신감의 밑바탕이 되었답니다.

아버지의 폭력에서 벗어나다

비가 많이 내린 날이었어요. 브라질은 우기에 집중 폭우가 자주 쏟아지거든요. 앞뒤를 분간할 수 없을 만큼 큰비가 내리고 있었죠. 아버지는 작은 돛배를 하나 갖고 있었어요. 강 하류에 묶어 두고 출근할 때나 강 상류로 땔감을 하러 갈 때 쓰곤 했어요.

"자칫하다가는 배가 떠내려갈지도 모르겠다. 룰라와 프레이는 가서 돛배를 단단히 묶어 두어라."

하지만 여섯 살 룰라와 여덟 살의 프레이는 무섭게 내리는 폭우에 몸을 가누는 것조차 힘들었어요. 결국 강가에는 가지도 못하고 돌아오고 말았죠. 그리고 아버지에게는 이렇게 둘러댔어요.

"배는 무사해요."

이튿날, 아버지는 강 하류에 가서 자신의 배가 없어진 걸 알게 되었습니다.

"몰랐구먼? 어제 누군가 자네 배를 타고 가던데?"

동료에게 배를 도둑맞은 사실을 듣게 된 아버지는 불같이 화를 냈습니다. 화를 견디지 못해 두꺼운 고무호스로 룰라와 프레이를 매질하기 시작했어요. 얼마나 무섭게 때렸던지 프레이는 그만 바지에 오줌을 싸고, 린두 여사는 룰라를 막아서서 자신이 대신 호스를 맞았어요. 어머니의 머리에서 피가 흐른 뒤에야 아버지는 매질을 멈췄어요.

어머니 린두 여사는 이 일을 계기로 남편 곁을 떠나기로 결심하게 되는데요. 잘못하다간 아이들의 몸과 마음이 다 상하고, 인생을 망칠 수도 있다고 생각했어요. 자신을 향한 남편의 폭력은 참을 수 있었지만, 자식들이 다치는 것은 더는 두고 볼 수 없었어요.

어머니 린두 여사는 과감하게 결단하고, 빨리 실행에 옮기는 타입이었답니다. 고무호스 사건이 있은 지 얼마 후, 룰라 가족 몇 명은 상뚜스 항을 떠나 수도 상파울루의 빈민가로 찾아갔습니다.

구두닦이와
행상 소년으로

"가난한 사람들에게 희망을 주는 것이
모든 정책의 최우선이다."

룰라

아버지의 학대를 피해 상파울루에 도착한 룰라 가족은 여전히 가난했어요.
하지만 어머니도 룰라 형제들도 현실을 비관하지 않았답니다. 가족 모두가
긍정적으로 생각하고 꾸준히 노력한 결과, 형편은 조금씩 나아졌어요. 구두
를 닦고 물건 파는 일이 힘들긴 했지만, 상파울루의 화려한 문화 덕분에 룰
라는 행복했어요.

룰라의 남다른 면을 알아본 어머니

룰라 가족이 드디어 대도시 상파울루에 집을 얻어 아버지 곁을 떠나게 된 날이었어요. 이삿짐이라고는 자질구레한 옷 몇 벌과 분유 깡통 몇 개가 전부였지만 어머니는 절대로 낙담하지 않았어요.

"이사 가면 새로운 삶이 시작될 거야."

반쪽 이사였답니다. 큰형들은 아버지 집에 일단 남고, 넷째부터 어머니와 함께 떠나게 된 거예요. 형들은 다니던 일터가 있었기 때문에 쉽게 움직일 수가 없었어요. 그리고 룰라 또한 하마터면 상뚜스에 남을 뻔한 상황이 발생합니다. 룰라의 초등학교 담임 선생님이 집으로 찾아온 거예요.

"이사를 하신다고요?"

"네, 그동안 룰라를 귀여워해 주셔서 감사합니다. 사는 게 바빠 찾아뵙지도 못했어요."

"다름 아니라, 형제가 많은 걸로 아는데 혹시 괜찮으시면 룰라를 제게 양자로 주실 생각이 없으신지요? 룰라를 제대로 키워 보고 싶습니다."

"아니요. 선생님의 뜻은 알겠지만, 룰라는 제가 키울 겁니다. 이아이는 세상을 밝히는 사람이 될 거예요. 그렇게 키우겠습니다."

어머니 린두 여사는 유난히 남의 마음을 잘 헤아리고, 의지가 강한 룰라에게서 남다른 면을 봤던 거예요.

가난하고 소심한 꼬마

만약 형편이 어렵다고 선생님에게 룰라를 양자로 보냈다면 어떻게 되었을까요? 남들처럼 대학을 가고 번듯한 직업을 얻었을지는 몰라도 중졸 출신의 대통령이 된 역사적인 기록은 갖지 못했겠죠?

상파울루로 가다

룰라의 가족들은 상파울루 시내의 변두리 빈민가에 자리를 잡았어요. 지금은 브라질 커피 연구소Instituto Brasileiro do café가 들어서 있는 곳, 빌라 까리오까라는 지역이었어요.

그곳은 상하수도 시설이 안 돼 있어서 썩은 내가 진동했고, 번화한 중심가와는 달리 쓰레기와 판잣집이 다닥다닥 붙어 있었어요. 비가 오면 물이 빠져나갈 길이 없어서 집 안으로 흘러들고 세간은 여름만 되면 곰팡이가 피었어요. 형제들은 비에 젖은 세간을 말리며 여름마다 습기와 전쟁을 치러야 했지요. 상뚜스 항구에서 지냈던 집보다 나을 것 하나 없는 곳이었어요.

하지만 어머니는 하루하루 끼니를 걱정하는 상황에서도 언제나 희망을 놓지 않았어요.

"괜찮아, 다 잘될 거야."

긍정적인 성격이 다 좋은 건 아니에요. 긍정에는 두 가지 유형이 있답니다. 자신의 상황을 정확히 파악하고 잘할 수 있는 것을 살려 하나씩 개선해 나가는 '노력형 긍정'이 바람직하죠. 반면 말로만 하는 긍정형도 있어요. 상황을 개선하기 위해 어떤 노력도 하지 않으면서 핑크빛으로 자신을 바라보는 것이죠. '잘될 거야'를 외치지만 외치는 것만으로는 아무것도 달라지지 않는답니다.

룰라의 어머니는 노력하는 긍정형이었기 때문에 룰라 가족의 형편은 조금씩 나아지기 시작했어요.

다시 행상과 구두닦이를 하다

사실 상파울루에서의 생활은 룰라에게는 행운과 같았어요. 아버지의 강압에서 벗어난 데다가 주말에 땔감을 마련하는 일도 할 필요가 없었기 때문이죠.

상파울루는 인구가 몰려 있는 수도라서 찾아보면 일거리도 꽤 많았어요. 자이미와 제 꾸이아는 조선소에 일자리를 구했고, 바바는 웨이터로, 마리네찌는 가정부로 생활비를 벌기 시작했어요. 룰라도 형 프레이와 함께 행상 경험을 살려 구두닦이를 하게 됐는데 일이 고되긴 했지만 돈벌이는 꽤 괜찮았어요. 재료라고는 구두약과 솔, 나무 구두 통, 여벌 슬리퍼만 있으면 됐거든요.

"구두 닦아요!"

이렇게 큰 소리로 외칠 필요도 없었어요. 거리의 한 귀퉁이를 차지하고 앉아 있으면 꽤 멋을 낸 회사원들이 구두를 내밀었죠. 그들에게 여벌 슬리퍼를 주고 룰라는 열심히 구두에 광을 내면 됐

가난하고 소심한 꼬마

어요. 가끔 근처 회사나 가게에 가서 단골손님의 구두를 걷어 오기도 했으니까 열두 살 룰라에게는 꽤 괜찮은 벌이었지요.

주머니에 동전이 가득 차는 날이면 룰라는 제일 먼저 분식집으로 달려갔어요. 그러고는 평소에 먹고 싶었던 햄 샌드위치와 당시 유행하던 음료수 뚜바이나를 당당하게 주문했답니다.

아, 무엇보다 룰라가 가장 행복해했던 건 영화를 볼 수 있다는 거였어요. 아버지와 함께 살 때는 상상도 못할 일이었죠. 영화관에 가는 날이면 친구들에게 재킷을 빌려 입고 한껏 멋을 냈어요. 당시 영화관은 아무 옷이나 입고 출입할 수 없는 꽤 고급스러운 곳이었거든요.

룰라가 난생처음 본 영화는 미국 영화 〈진홍의 해적The Crimson Pirate(1952)〉이었는데요. 멋진 주인공이 칼을 휘두르던 모습이 어린 룰라에게 얼마나 멋있게 보였던지 룰라는 이내 자신도 크면 배우가 되겠노라 다짐하기도 했답니다.

18세기 후반 카리브 해를 배경으로 한 해적 영화 〈진홍의 해적〉

〈진홍의 해적〉은 카리브에서 실존한 것으로 알려진 한 해적의 이야기를 1952년 미국의 로버트 시오드막 감독이 영화화했어요. 한국에서도 크게 히트한 〈캐리비안의 해적〉의 원작이라고도 할 수 있는데요. 해적단의 선장 발노가 총을 싣고 가는 스페인 수송선을 습격하면서 벌어지는 이야기입니다.

선반공이 된
소년

"세나이 시절은 나의 청소년 시절에서
가장 행복했던 시기였다."

룰라

더 높은 곳을 향해 비상하는 새처럼 어머니는 룰라가 큰 목표를 가지고 살길
원했답니다. 그 당시 가난을 벗어날 수 있는 유일한 길은 기술을 익히는 것이
었어요. 7전 8기의 노력 끝에 룰라는 국립산업연수원 세나이 출신 기술자가
되었어요. 하지만 그 기쁨도 잠시, 룰라는 사고를 당하게 되는데요. 꿈을 이
뤘다고 생각한 순간에 닥친 위기 앞에서 룰라가 한 말은 무엇이었을까요?

룰라, 소통의 리더십을 보여 줘

축구팀 주장

룰라의 어머니는 사교성이 좋은 분이셨답니다. 덕분에 상파울루에서도 집에 이웃들의 발길이 끊이질 않았어요. 다른 사람들의 이야기에 귀 기울여 주고, 삶의 지혜로 적절한 대안을 내놓는 린두 여사를 사람들은 좋아하고 잘 따랐습니다.

룰라는 어머니의 이런 성격을 쏙 빼닮았어요. 사실 수줍음을 많이 타는 사람은 사교성이 없다고 생각하기 쉽지만, 꼭 그렇지는 않아요. 낯선 사람을 처음 만났을 때는 마음을 쉽게 열지 못하지만 한두 번 만나고 친해질수록 상대방과 깊은 대화가 가능하고, 금세 공감대를 형성하는 사람들이라면 사교성이 좋다고 볼 수 있어요. 그래서 수줍은 사람 중에 사교성이 좋은 사람이 생각보다 많답니다.

얼마 지나지 않아 룰라도 동네 친구를 많이 사귀었습니다. 룰라는 틈만 나면 축구를 했어요. 나중에는 나우찌꾸 축구 클럽의 선수로도 활약했죠.

"가위바위보 해. 이기는 사람이 룰라 편이야."

룰라는 축구를 아주 잘해서 친구들이 모두 룰라와 같은 팀을 하고 싶어 했어요. 억지를 쓰거나 난폭하지도 않아 모두 룰라를 좋아하고 따랐어요.

축구뿐만이 아니었어요. 룰라는 주말이면 상파울루 인근의 부라꾸 다 옹사 호수를 찾아가 마음껏 수영도 했어요. 새총 놀이, 투석놀이, 연날리기, 줄넘기 등 여느 아이들과 다를 바 없이 개구쟁이처럼 동네를 돌아다니며 신 나게 놀았습니다.

첫 아르바이트와 첫 직장

룰라는 이웃의 소개로 어느 염색 공장에서 아르바이트를 하게 되었어요. 나이 어린 그에게 맡겨진 일은 염색한 옷을 배달하는 일이었는데요.

비가 억수같이 내리던 어느 날, 염색한 옷을 배달해야 하는데 길은 모두 빗물에 잠겨 있었어요. 룰라는 가능한 한 옷걸이를 위로 치켜들고 조심조심 걸었죠. 하지만 더러운 물에 그만 옷이 젖고 말았어요.

룰라는 당황해서 어찌할 바를 몰랐어요. 불호령을 들을 것이 뻔했거든요. 초인종을 누른 뒤 집주인이 나오자마자 후닥닥 옷을 건네고 잽싸게 줄행랑을 쳤어요.

"이봐요! 이걸 어째! 다 젖은 옷을 주면 어떡해요!"

주인이 고래고래 소리를 질렀어요. 도망가던 룰라는 순간 생각이 복잡해졌어요. '그대로 뛰어? 나중에 사장님한테까지 이를 텐데? 매도 일찍 맞는 게 낫겠지?' 결국 룰라는 집주인에게 돌아갔고 심한 꾸지람을 들었지만, 일은 더 크게 번지질 않았어요.

그런데 인연이란 게 참 묘하죠? 그 양복 주인은 당시 포드 자동차에 다니고 있던 기술자였는데 나중에 룰라가 자동차 노조 일을 할 때 다시 만나게 되거든요. 어찌어찌 기억의 끈을 더듬었던 둘은 당시의 일을 떠올리며 서로 웃음을 터뜨렸답니다.

염색 공장 아르바이트를 성실하게 해낸 덕에 룰라는 드디어 첫 공식 직장을 갖게 됩니다. 바로 창문의 덧문을 만드는 회사, 아르마젱스 제라이스 꼴룽비아사의 전화 상담원 일이었어요.

덧문을 의뢰하는 사람들 중에는 부유한 사람이 많았고, 그들은 잘 대우받기를 원했어요. 말투나 질문에 격식이 있고 상담 내용도 전문적이어서 원하는 모양이나 치수를 정확히 묻고 메모를 해 놓아야 했지요.

말하는 훈련이 잘 안 된 데다가 수줍고 조심스러운 성격 때문에 룰라는 첫 직장에서 꽤 애를 먹었어요. 전화벨이 울릴 때마다 가슴이 콩닥콩닥 뛰고 긴장해서 식은땀을 줄줄 흘렸답니다. 전화만 받으면 목이 콱 메고, 격식 있는 말투에 신경을 쓰느라 손님의 요구사항의 핵심을 놓칠 때가 많았어요.

"격자형 창문을 하고 싶은데요."

"네? 손님, 다시 마, 마, 말씀해 주시겠어요?"

"저기요, 다른 상담원 바꿔 주세요."

이런 일이 자주 발생하자 룰라는 견디지 못하고 자진해서 직장을 나오고 말았어요. 스스로 '말을 많이 해야 하는 직업은 내 적성이 아니야.'라고 단정 짓기도 했지요.

하지만 결국 그는 노조위원장이 되어 수많은 노동자의 하소연을 듣고, 기업가들과 협상 테이블에 앉아 임금 인상을 토론하는 '말을 가장 많이 하는 직업'을 갖게 되었어요. 그리고 각료와 비서들, 장관과 국민들에게 '말로 자신의 의사를 전달하는' 대통령까지 되었고요. 참으로 인생이란 어디로 흘러갈지 알 수 없는 신비롭고 매력적인 길이 아닌가요?

직업 훈련소 세나이의 훈련원이 되다

린두 여사는 대도시에서 살아가는 원리를 꿰뚫고 있었습니다. 학벌로 회사에 들어가거나 자본이 있어서 장사를 할 수 있는 게 아니면 전문 기술을 갖고 있어야 한다고 생각했어요.

그녀는 자식들이 조금 더 높은 목표를 가지기를 바랐어요. 특별한 기술을 익혀 더 나은 직장에 들어가기를 원했죠. 아무리 높은 장벽이 가로막고 있어도 반드시 들어가는 입구는 있는 거라며 자식들을 격려했어요.

특히 룰라에게는 기대가 컸어요. 룰라는 어린 나이에 힘든 일을 많이 해 봐서 인내심이 많고, 사람들과의 관계가 좋은 데다가 긍정적이었기 때문이에요.

이렇게 린두 여사가 자식들에게 큰 꿈을 갖기 시작한 것에는 환경의 영향도 컸습니다. 룰라의 가족이 살던 빌라 까리오까 구역에는 포드, 폭스바겐, 메르세데스 벤츠와 같은 세계적인 자동차 회사의 공장이 들어서 있었어요. 1960년대 초부터 미국과 유럽의 자동차 회사들은 값싼 임금과 풍부한 자원을 찾아 브라질에 많은 공장을 세웠거든요.

"저 사람들을 봐. 기술이 있으니 남부럽지 않게 살고 있잖아."

이런 어머니의 영향으로 룰라도 자동차 회사 직원을 선망하게 되었습니다. 그들은 꾀죄죄한 옷 대신 우주복 같은 작업복을 입고 출퇴근했어요. 도시락을 갖고 다닐 필요도 없이 회사 식당에서 점심을 해결했죠. 월급도 일반 노동자의 세 배인 데다 노동법에 따른 많은 복지 혜택을 누리고 있었어요. 브라질의 일반 노동자들은 꿈꾸기 어려운 생활이었죠.

어느 날, 구두를 닦던 룰라는 관공서 벽면에서 한 장의 모집 공고를 보게 됐어요.

"엄마, 세나이Senai에서 수도 훈련공을 모집한대요!"

"세상에, 잘됐구나. 거기에 응모해 보자!"

때마침 국립산업연수원인 세나이에서는 국비 훈련생을 모집하고 있었어요. 국비로 전문 기술과 기본적인 중학 교육과정을 가르치는 기관이었죠. 당시 브라질의 교육 제도는 5년 초등 과정과 3년 중등 과정으로 되어 있었는데, 국비 훈련공은 3년 중등 과정에 해당했어요. 실업계 중학교인 셈이었죠.

버스를 탈 돈조차 없었던 린두 여사는 룰라의 손을 잡고 8킬로

가난하고 소심한 꼬마

미터나 되는 길을 걸어 아들이 입학하는 데 필요한 각종 정보를 얻어 냈습니다. 하지만 세나이행 티켓은 생각만큼 빨리 주어지지 않았어요. 몇 차례 낙방하고 말았죠. 그래도 룰라와 린두 여사는 실망하지 않았어요. 중요한 기술을 공짜로 배울 수 있는 곳이니 입학이 만만치 않다는 점을 알고 있었고, 끈기 있게 도전하고 노력하면 언젠가는 문이 열릴 거라고 믿었어요.

"엄마, 드디어 합격이에요! 세나이에 들어갈 수 있게 됐어요!"

결국 룰라는 1960년 열다섯 살에 국립산업연수원의 정식 학생이 되었습니다. 6개월은 학교에서 공부하고, 6개월은 공장에서 실습하며 한 달에 딱 하루만 쉴 수 있는 빡빡한 생활이었죠.

룰라는 스스로를 자랑스러워했어요. 비록 몇 번 실패하긴 했지만, 열심히 노력해서 따낸 합격증이고 졸업하면 비교적 평탄한 전문 기술자의 삶이 기다리고 있었기 때문이에요. 룰라가 이때 얻은 자긍심은 훗날 암울한 상황에 처할 때마다 자신을 극복하는 중요한 자양분이 되었답니다.

첫 월급은 통째로 어머니께

세나이에서 3년 과정을 마치고 졸업한 룰라가 처음 취직한 곳은 빠라푸주스 마르찌Parafusos Marte라는 나사 생산 공장이었어요. 아직은 기술자 보조 신분이었죠.

룰라

빠라두주스 마르찌 공장에서

대망의 첫 출근 날, 룰라는 공장을 둘러보고, 전반적인 공정을 익히는 정도의 가벼운 일을 맡게 됐어요. 엄연한 기술자로 보무당당하게 출근한 것 치고는 하품 나올 만한 일이었죠. 결국 퇴근 직전에 룰라는 한 가지 아이디어를 떠올렸습니다.

"자네, 지금 뭐 하는 건가?"

"응, 작업복에 기름칠 해. 어머니께서 깨끗한 옷보다 기름이 묻은 작업복을 보시면 좋아할 것 같아서."

첫 출근한 아들이 자랑스러운 기술자로 퇴근하는 모습을 손꼽아 기다릴 어머니를 생각하며 룰라가 꾀를 낸 것이었어요. 룰라의 기름 범벅이 된 옷을 본 어머니는 룰라의 예상대로 무척 뿌듯해하셨답니다.

룰라는 이렇게 가까운 사람의 마음을 잘 살피는 청년으로 성장했어요. 첫 월급을 받고서는 '제가 오늘 탄 월급은 어머니가 잘 키워 주셨기 때문입니다.'라는 감사의 마음을 증명이라도 하듯 한 푼도 건드리지 않고 월급을 통째로 어머니께 드렸어요. 린두 여사는 두고두고 그날을 잊지 못하고 아름다운 날로 기억한답니다.

룰라 또한 잊지 못할 첫 월급날을 훗날 대통령이 되어서 이렇게 회고했답니다.

"그때 어머니가 제게 갖고 있던 자긍심은 제 아들이 대학에 입학했을 때 제가 가졌던 자긍심과 같은 것이었죠."

손가락이 잘리다

빠라푸주스 마르찌에서 기술자 보조로 연수를 마친 룰라는 잉데뻰뎅시아라는 공장에 정식 선반 기술자로 취직을 합니다. 이번에는 야간 근무조로 편성되었어요. 야간작업이라 결코 쉬운 일은 아니었지만 룰라는 열심히 일했습니다.

커다란 쇠톱이 정신없이 돌아가는 공장에서 밤샘 작업을 한다는 것은 매우 위험한 일이에요. 낮일에 익숙한 사람들은 새벽 2시쯤 되면 기계 앞에서 깜박깜박 졸기 일쑤였죠.

어느 날 새벽, 룰라는 졸린 눈을 부릅뜬 채 낡은 선반 기계 앞에서 작업을 하고 있었답니다. 작업 도중 기계톱의 나사 하나가 부러지면서 압축 기계가 그만 룰라의 손을 내리치고 말았어요.

순식간에 일어난 일이었어요. 룰라의 새끼손가락이 잘려 나가고, 주변은 피로 범벅이 되었고, 비명이 공장의 공기를 찢어놓았습니다.

"사고다, 룰라 쪽이야!"

동료들이 우르르 몰려왔지만 이미 야속한 기계가 손가락을 잘라 놓은 뒤였습니다.

요즘은 이런 사고가 일어나면 잘린 손가락을 소독약에 담그고, 119를 부르고, 응급실에서 손가락을 붙이는 수술을 받을 수 있을 거예요. 하지만 1960년대 그당시에는 우리나라가 그랬던 것처럼 브라질도 산업 재해에 대해서는 무방비 상태였어요. 긴급 구조 시스템이 전혀 갖춰지지 않았었지요. 더구나 브라질은 당시 세계적으로 산업 재해가 빈번한 곳으로 악명 높았어요.

룰라와 동료들은 병원에 갈 생각조차 못하고 사장이 오기만을 기다리다가, 결국 손가락 접합 수술 시기를 놓치고 맙니다. 룰라는 이때 새끼손가락을 완전히 잃게 됐어요.

이 사건으로 룰라는 산업재해보상금 35만 끄루제이루●를 받게 되는데요. 당시 브라질 노동자의 한 달 최저임금●이 2만 끄루제이루 정도였으니까 1년 6개월 치 월급을 한꺼번에 받은 셈이었죠.

손가락이 잘려 나간 사건도 룰라를 약하게 하지는 못했습니다.

"엄지나 검지가 아닌 게 얼마나 다행이야? 새끼손가락이 가장 쓸모가 적거든."

룰라는 이렇게 가족들을 위로했어요. 아들의 부상에 마음을 다쳤던 어머니를 위해 푹신한 소파를 사서 선물하고, 시 외곽에 조그마한 땅도 사서 훗날을 기약했답니다. 손가락을 잘리는 위기쯤은 이미 더 큰 미래를 준비하는 디딤돌 정도밖에 되지 않았던 거예요.

● **끄루제이루** : 당시 브라질의 화폐 단위예요. 지금은 헤알을 사용하고 있습니다.
● **최저임금** : 노동자의 기초생필품 구매를 보장하기 위한 최소 소득을 의미해요. 1930년에 당시 제뚤리우 바르가스 정권에 의해 처음 도입됐고, 전국 최저임금과 지역별 최저임금으로 나뉘어집니다.

세나이를 졸업하고 금속 제조 공장에 입사할 당시의 모습

2

Lula da Silva

세상을
바꿀 거야

소중한 인연을
만나다

"룰라와 함께 지내면서 가장 인상 깊었던 것은
그의 성격이다. 룰라는 뭐라 표현할 수 없을 만큼
솔직담백한 성격이다. 그 친구는 '진실한' 사람이다.
그래서 나는 항상 룰라에게 고마움을 느낀다."

룰라 자서전 『다른 세계는 가능하다』 중 랑바리와의 인터뷰에서

누구를 만나고 헤어지느냐에 따라 우리의 인생은 풍요로워지기도 하고 반대로 불행해지기도 합니다. 랑바리는 룰라에게 가난 앞에서도 당당할 수 있는 용기와 누구라도 친구가 될 수 있는 친화력을 안겨 준 친구였어요. 그를 통해 룰라는 평생 잊지 못할 첫사랑 루르지스와 만나게 됩니다.

평생 친구, 그리고 첫사랑

1962년 무렵 룰라 가족은 조금 더 나은 동네로 이사하게 됐어요. 그리고 그곳에서 룰라의 인생은 다시 큰 전환점을 맞게 됩니다.

일요일 아침, 갓 나온 빵을 사기 위해 동네 빵 가게로 가던 랑바리는 동네를 어슬렁거리던 낯선 남자를 발견하게 되는데요. 랑바리는 그 동네라면 어느 집에 어떤 고민이 있고, 밥숟가락은 몇 개 있는지까지 속속들이 꿰고 있었기에 그냥 지나칠 수가 없었어요.

"이 동네 처음이야?"

"응, 어제 이사 왔어."

"나랑 비슷한 또래 같은데, 친하게 지내자."

시원시원한 성격의 랑바리 덕에 룰라의 수줍음도 금세 사라졌어요. 이때부터 둘은 절친한 사이가 되었답니다.

룰라와 랑바리는 날마다 붙어 다녔어요. 가난했던 두 사람은 누군가 월급을 타거나 공돈이 생기면 주머니 사정도 생각 않고 밥을 샀지요. 단골 옷집에서 세일이라도 할 때면 꼭 두 장씩 사서 같은 티셔츠를 커플 티로 입고 다닐 정도였어요.

동네에서 둘은 '단짝 촌놈'으로 불리었어요. 하지만 남들이야 뭐라 하건 둘은 평생을 함께할 죽마고우가 있다는 사실에 행복했죠.

한번은 함께 친구들과 사진관에서 기념사진을 찍기로 한 날이었어요. 모두 신사복을 빼입고, 모자를 쓴 채 가운뎃 손가락에 담

배를 드는 자세를 취했지요. 하지만 구두가 없어 슬리퍼를 신고 왔던 룰라는 자신 있게 그 자세를 취할 수가 없었어요. 룰라의 마음을 헤아린 랑바리는 즉석에서 답답하다며 구두를 벗어던졌고, 룰라는 랑바리의 배려 덕분에 즐겁게 촬영을 마칠 수 있었답니다. 그 뒤로 둘은 형제 같은 친구가 되었어요.

활달한 랑바리와 가깝게 지내면서 룰라의 성격도 조금씩 변해 갔어요. 처음 만난 사람에게도 스스럼없이 인사를 하고, 손을 내밀 수 있을 정도로 말이죠. 또 동네 카페에서 열리는 파티에도 부담 없이 참석하게 되었고, 이성에도 조금씩 눈을 뜨게 되었답니다.

랑바리의 집에서 파티가 열리던 어느 저녁이었어요. 축음기에서 음악이 흘러나오고, 마실 맥주가 충분히 있는 풍성한 밤이었어요.

룰라는 그날을 결코 잊지 못합니다. 소박하면서도 예쁜 파티복을 입은 루르지스를 보고 첫눈에 반한 거예요. 허리까지 내려오는 검은 생머리에 살짝 웃는 미소는 룰라의 가슴에 큐피드의 화살을 꽂기에 충분했어요. 게다가 루르지스는 오빠들을 위해 요리를 하고 집안 살림을 거드는 성실한 아가씨였으니까요.

"저랑 춤추시겠습니까?"

룰라는 독한 코냑을 연거푸 네 잔이나 들이키고 나서야 겨우 용기 내어 이 말을 꺼냈어요. 평소 성실하고 마음 따뜻한 룰라를 지켜보던 루르지스는 룰라의 손을 잡았어요. 그리고 둘은 사랑에 빠졌습니다.

노조에
가입하다

"개인 혹은 정부의 미래는 우리가 꿈꾸는 대로 만들어진다.

스스로 자신이 위대하다고 생각하는 사람은 위대해지고,

스스로 보잘것 없다고 생각하는 사람은 보잘것 없어진다.

브라질의 미래가 결정되는 중요한 이 순간 우리 중 어느 누구도

자신을 보잘것 없다고 단정 지을 권리는 없다."

룰라

브라질 경제가 최악으로 치닫던 1965년에 룰라는 실직자가 되었어요. 먹을
쌀도 없는데 취직은 어려웠고 물가는 턱없이 높았지요. 훗날 대통령이 된 뒤
에도 그는 오랜 실직이 주는 비참함을 기억했습니다. 또한 나쁜 상황은 가만
히 있으면 절대 나아지지 않는다는 사실도요. 이런 상황을 타개할 방법은 힘
없는 자들이 서로 뭉치는 것, 즉 노조에 가입하는 것뿐이었습니다.

세상을 바꿀 거야

실직자가 되다

좋은 시절은 그리 오래가지 않았어요. 브라질 경제가 최악으로 치닫던 1965년에 만 스무 살의 룰라는 그만 직장을 잃었습니다.

첫 직장이었던 빠라푸주스 공장에 다닐 때였어요. 평일 야간작업과 주말 근무는 계속되고 있었어요. 몸은 천근만근이었지만 휴일에도 나가 고된 일을 해야 했죠. 휴일 수당도 제대로 나오지 않고 임금은 2년째 오르지 않았어요. '더는 못 버티겠어!' 참을성 강한 룰라였지만 며칠을 근육통으로 끙끙 앓아눕고 난 뒤에 결국 직장을 관두었습니다.

하지만 다른 곳에 취직하는 것은 직장에서 버티는 것보다 더 힘든 일이었어요.

"선반공입니다. 세나이 출신이고, 연수도 마쳤어요."

"유감스럽지만 있던 직원도 나가야 할 형편이에요. 다음에 와주세요."

새로운 직장을 찾기 위해 룰라는 새벽 6시부터 인력시장에 나갔습니다. 여러 공장을 찾아다니며 일자리를 애타게 찾았죠. 공장 전화번호와 위치를 적은 룰라의 수첩은 땀에 절고 낡아서 나중에는 글씨를 알아볼 수도 없을 정도가 되었습니다.

"점심때가 되면 공장 직원들이 우르르 몰려나와 식당으로 가는데, 그게 제일 부러웠어요."

이후 룰라는 8개월 동안이나 실직 상태였습니다. 그의 형제들도 하나둘 직장을 잃게 된 시점이어서 당시 룰라 가족의 형편은 말이 아니었어요. 먹을 쌀도 바닥을 보이는 판이니 닭고기나 돼지고기는 엄두도 못 낼 형편이었죠.

당시 브라질은 군사 쿠데타가 일어나 군인들이 정부를 통제하고 있었고, 수도를 리우데자네이루에서 브라질리아로 옮기면서 재정의 대부분을 수도 건설에 쓰고 있었어요. 정치는 불안하고, 물가는 치솟고, 일자리는 없는 극한의 상황을 맞고 있었습니다.

룰라는 대통령이 된 2003년 한 연설에서 스무 살 초반, 혈기 왕성한 때에 실직과 생계의 위험에 직면했던 시절을 회고하며 가난한 사람에게 빵과 일자리가 어떤 의미인지를 분명하게 들려줍니다.

"저는 매일 새벽에 일어나 온종일 일자리를 찾아 헤매는 가장들의 심정을 잘 압니다. 집에 빈손으로 돌아올 때 얼마나 힘이 빠지는지 겪어 봤기 때문입니다. 아이들이 보챌 때, 아내가 부엌에서 서성이는 모습을 지켜보는 가장들의 고통이 무엇인지를 알고 있습니다."

결국 힘겹게 일자리를 구하지만, 이전 직장보다 오히려 야근은 심해지고 임금은 더 적었어요. 회사가 한 시간 이상 걸어야 하는 곳에 있었지만, 버스를 타지 않았답니다. 점심때도 한동안은 도시락을 쌀 수 없었고, 동료들에게는 늘 "아침을 많이 먹어서 배가 안 고파."라든가 "입맛이 없어."라고 둘러댔어요.

이때의 경험을 통해 룰라는 직장을 잃는 것이 얼마나 그 사람의 사기와 생활수준을 떨어뜨리는지 뼛속 깊이 알게 됐습니다. 그가 대통령이 된 뒤 서민들의 일자리를 만드는 데 온 힘을 기울인 것도 가장 한 명에게 여러 식구들 목숨이 달려 있다는 것을 알고 있기 때문이었습니다.

또한 실업 상태를 겪으면서 룰라는 '나쁜 상황은 가만있으면 절대 나아지지 않는다'는 사실을 깨닫게 됩니다. 이전보다 좋은 상황을 만드는 데는 인내와 성실 밖에는 없다는 걸 말이에요.

폭력은 폭력을 부르고…

힘겨운 상황은 사람들을 뭉치게 했어요. 마침내 브라질에도 노조가 생겼고, 노동운동이 생겨나기 시작했습니다. 특히 1968년과 1969년에는 군부가 국민들의 표현의 자유를 제한하기 위해 언론통제법을 통과시켰고, 이에 대한 저항 운동이 여기저기서 일어나기도 했지요.

그때까지 노조와 노동운동에 전혀 관심 없던 룰라도 이 거대한 흐름에 조금씩 눈뜨기 시작했어요. 특히 형 프레이는 처음부터 노동운동에 아주 적극적이었고, 룰라에게도 관심을 가질 것을 강조해 왔어요.

하지만 룰라는 TV 축구 중계에만 열광할 뿐, 파업을 하고 정부와 싸우는 데는 관심이 없었어요. 룰라가 이런 방관적인 태도를 갖게 된 데는 국립산업연수원 시절에 있었던 어떤 사건 때문이에요.

연수원 시절, 룰라는 공장 노동자들이 '임금 인상' 피켓을 들고 시위하는 것을 처음 보았어요.

"물가 인상 폭만큼 임금을 인상하라!"

"사장은 물러가라!"

노동자들은 소형 트럭을 타고 회사로 몰려들고 있었고, 회사는 정문을 걸어 잠그고 노동자와 대치하고 있었어요.

눈 깜짝할 사이에 일부 노동자들이 직물 공장 담을 뛰어넘어 이층으로 올라갔어요. 그리고 공장으로 들어가 기계를 멈추려고 했어요. 다급해진 사장은 총을 쏘기 시작했고, 노동자 한 명이 배에 총을 맞고 쓰러졌습니다.

흥분한 시위대는 이층으로 올라가 사장을 창밖으로 던져 버렸어요. 사장은 여러 사람의 발에 차이고 맞아서 만신창이가 되었고, 룰라는 이 광경을 숨죽인 채 바라봐야 했습니다.

누구도 옳다고 할 수 없는 상황이었어요. 폭력은 결국 더 큰 폭력을 부를 뿐이지요. 이 사건으로 인해 룰라는 '어떤 일에 있어서도 무조건 폭력은 나쁘다'는 생각을 갖게 되었어요. 그리고 더더욱 노조나 노동운동에 대해 냉담해졌습니다.

이 사건은 룰라의 가슴 깊이깊이 남았고, 노조위원장 시절에도 절대 폭력을 용납하지 않도록 만든 계기가 됐습니다.

세상을 바꿀 거야

"체 게바라Ché Guevara나 카스트로Castro도 훌륭하다. 나의 동지이자 친구이다. 하지만 내가 존경하는 사람은 인도의 간디Gandhi이다. '폭력을 쓰지 않고 세상을 바꾸는 것'이 나의 목표다."

룰라는 이후 비폭력을 삶의 원칙으로 삼게 됩니다.

공산주의자가 된 형 프레이

형 프레이는 룰라와는 달리 공장 노동자가 된 직후부터 노동운동에 뛰어들었어요. 활발한 활동으로 회사 노조를 이끌었고, 전국 금속노조◦의 주요 간부로도 활동하기 시작했어요. 프레이는 더 나아가 브라질공산당(PCB)에도 가입했습니다. 당시 브라질에서는 공산당도 하나의 정당으로 인정되어 누구나 가입할 수 있었어요. 하지만 식구들에게는 비밀로 했지요. 브라질에서도 공산당은 '과격하고 위험하다'는 인식이 강했기 때문에 식구들이 알아서 좋을 게 하나도 없다고 생각했기 때문이에요.

'프레이'라는 이름은 노조 활동을 하면서 친구들이 대머리인 그에게 붙여 준 별명이었어요. 프레이frei가 포르투갈어로 '수도승'이란 뜻이거든요.

공산당원이 된 프레이는 '계급투쟁', '이데올로기', '착취' 등에 대해 배우고 다수의 '노동자'와 노동자를 착취하는 '자본가'라는 틀로 세상을 보게 됩니다.

브라질에는 '공산당'이 있다?

'공산주의'란 말 그대로 사회구성원 모두가 공동으로 생산하고, 그렇게 생산된 것을 공평하게 나눠 가지는 것이 옳다고 주장하는 사상이에요.

브라질공산당(PCB)은 러시아 공산 혁명(1917년)이 일어난 지 얼마 되지 않은 1922년에 창당되어 오늘날까지 존재하고 있는데요. 그만큼 브라질에서는 표현과 사상의 자유가 많이 보장되고 있음을 알 수 있어요.

공산당은 군사독재(1964~1985년) 시기를 제외하고는 많은 사회운동을 벌이면서 소외된 계층을 위한 정책을 주장하고 있어요. 예를 들어, 노동자들의 권익 보호와 다국적 기업들로부터의 착취를 피하고자 민간기업의 국유화를 주장해요. 또 일부 계층에게 집중된 농지 소유 문제를 개혁함으로써 소작농들에게 정책적으로 분배하는 것, 낙태의 자유, 저소득 가정의 자녀들에게 폭넓은 기회를 제공하기 위해 현 교육 시스템의 국공립화 등을 내세우고 있습니다. 단지 다른 정당과 다른 점은 매우 과격하고 급진적인 자세를 취한다는 거예요.

공산주의 이론 자체가 사회적 불평등과 빈부 격차 등 자본주의의 폐해를 지적하며 탄생한 이론이긴 하지만요. 오늘날 브라질과 같이 자본주의가 세계를 지배하고 있는 현실에서는 많은 이의 공감을 얻기 어려운 게 사실입니다. 그럼에도, 브라질은 전통적으로 마르크스나 레닌의 공산주의 사상에 많은 영향을 받은 학자들이 배출되어 종속이론(까르도주 전 대통령 등) 또는 해방신학(레오나르두 보피 신부 등)과 같은 세계적인 학문을 낳기도 했습니다.

당시 까하수라는 트럭 짐칸 생산 공장에서 일하던 프레이는 1968년에는 전국금속노조지도자 중 한 명이 되었어요. 하지만 금속노조위원장을 하기는 어려웠어. 회사 동료가 위원장을 맡고 있었고, 친분이 두터워 경쟁하기 어려운 관계였기 때문이죠.

프레이는 룰라를 끌어들여 위원장 자리에 앉히고 싶어 했어요.

"룰라, 나와 노조에 함께 들어가자."

"관심 없어. 자기주장만 하는 바보들이야. 과격해서도 싫고."

"지금은 노동자들이 뭉쳐서 싸워야 할 때야."

"형, 편안히 연속극이나 보게 나가 줘. 노조에서 삽질하는 것보다 연속극을 보는 게 나아."

노조 활동에 룰라를 끌어들이려는 프레이의 설득은 끈질기게 계속됐어요. 프레이가 노조 활동의 '노'를 꺼내려 들면 룰라는 스포츠 신문을 펼치며 일부러 축구 뉴스에 열광하곤 했죠.

하지만 공장 노동자들의 형편은 하루하루 더 나빠졌어요. 룰라도 현실을 바꾸기 위해서는 무언가 해야 한다고 생각하기에 이르렀어요. 결국 프레이의 손에 이끌려 노조 가입 원서를 썼습니다.

"그렇게 망설였지만 결국 노조원이 되었다. 내 조합원 번호를 결코 잊지 못하게 되었다."

노조 활동은 룰라가 생각한 것보다 활발했어요. 임금을 몇 퍼센트 올려달라고 주장할 것인가에 대한 문제만 놓고도 여러 사람의 다양한 주장이 펼쳐졌죠. 노조는 이런 토론이 왕성하게 이뤄지고 있었고, 조리 있게 반박하고 상대를 설득하는 노조의 진행 방식에 룰라는 푹 빠져들었습니다.

그뿐만 아니라 노조는 단결을 위해 모여서 책 읽기도 하고 축구나 산행을 하기도 했어요. 룰라는 노조 모임이 주는 활력에 이끌리기 시작했어요. 무엇보다 활발한 토론과 격렬한 주장은 룰라의 가슴 깊이 숨어 있던 어떤 욕망을 자극했고, 룰라는 열성적인 노조원이 되었어요.

"노조 활동은 마치 축구 경기처럼 나를 매료시켰다. 이쪽과 저쪽의 활발한 토론은 마치 꼬링찌앙스Corinthians(상파울루의 축구 클럽)의 경기를 보는 것처럼 흥미진진했다. 다른 것에 비유하자면 꼭 까샤사 Cachaça(브라질의 전통 술)를 마시는 것과 같았다. 한 모금 마시고 나면 병을 다 비우기 전까지는 손을 뗄 수 없는 상황이었으니까."

이듬해부터 룰라는 노조 활동에 더욱 빠져들었어요. 자신이 속한 지역 사람인 빠울루 비다우가 금속노조의 위원장 선거에 출마했기 때문이에요. 그를 당선시키기 위해 노력했던 룰라는 선거전에 뛰어들면서 또 한 번 노조 활동에 매력을 느끼게 되었답니다.

선거는 자신이 지지하는 후보를 당선시키기 위해 전략을 짜고, 홍보 전단을 만들고, 연설문을 쓰고, 많은 사람을 만나 설득하는 정치 활동이거든요. 선거 운동에 참여한 뒤, 룰라는 토론과 설득이라는 정치의 두 가지 본성에 더욱 가까이 다가가게 되었습니다.

세상을 바꿀 거야

노조에 대해 얼마나 알고 있나요?

'노조'는 노동자들이 임금과 노동 조건을 개선하기 위해 스스로 만든 조직이에요. 영향력이 컸던 맨 처음의 노동조합은 인쇄공이나 기능공처럼 단일 동업조합의 조합원들이 결성한 것이었어요. 거의 모든 나라에서 노동조합은 합법적이고 결성과 회원 모집이 가능한데요. 노동조합이 합법화된 나라에서는 조합원이라는 이유로 고용인을 해고할 수 없답니다.

노동조합의 업무는 선출된 노조위원장이 수행하는데 노동 시간, 휴가 수당 등에 대해 고용주와 협상을 벌이기도 하고(단체교섭), 합의하지 못할 경우에는 중재할 만한 제삼자를 지정하기도 해요. 노동조합이 자신들의 요구를 관철하기 위해서 가장 강력하게 취할 수 있는 행동은 바로 업무를 중단하는 '파업'인데요. 회사 측에서도 직장을 폐쇄하는 등 파업에 강경하게 대응하는 경우도 있습니다.

노동조합은 조합원들이 내는 조합비로 운영되며 조합비는 조합의 상근 직원 봉급, 조합원 회의비, 파업 수당, 교육 등에 사용됩니다.

브라질의 노조

브라질에 노조가 탄생한 것은 산업화가 본격화되던 1930년대의 제뚤리우 바르가스 정권이 들어섰던 시기였어요. 물론 노예해방(1888년)이 발표된 다음에 유럽에서 새로운 이민자들이 몰려오면서 노동자들이 상파울루와 같은 대도시를 중심으로 자신들의 권리와 이익을 옹호하기 위해 모임도 하고 시위도 했지만, 노조라고 부르기에는 아직 확실한 구조를 갖추지 못했어요.

그러다가 1930년대에 노동부가 설립되면서 정부가 주도하는 노동자 조직들이 탄생하게 되었습니다. 일명 '어용노조'라는 것인데 이 조직들은 재정적으로 독립하지 못했고, 노동자들의 권리를 보호한다고는 했지만 사실상 정부의 정책을 무조건 따라야 하는 상황이었어요.

활발한 활동을 전개하기 시작한 것은 제뚤리우 바르가스 정권이 무너진 다음, 1955년부터라고 할 수 있는데요. 이것도 잠시, 군사독재가 시작되면서 엄청난 탄압을 받게 됩니다. 그래서 실제로는 1980년대 초 군사독재가 끝나가던 시기에 민주화운동과 더불어 노동운동도 활발해졌다고 볼 수 있습니다.

세상을 바꿀 거야

상실의 아픔,
그리고 방황

"심장에서 우러나는 정치를 하라.
가난한 사람들을 돌보라.
최선을 다해 민주주의를 실천하라."

룰라 – 후임자에 대한 당부 중

어느덧 이십 대가 된 룰라도 가장이 되었어요. 첫사랑 루르지스와 조촐한 결혼식을 올렸거든요. 신혼부부는 소박하지만 행복한 시간을 보내며 출산을 기다렸습니다. 하지만 이들에게 뜻밖의 큰 재앙이 닥쳤어요. 의사의 오진과 열악한 의료 시설 때문에 출산하던 아내와 아이가 사망하게 된 거예요. 아내와 아이를 한꺼번에 잃은 룰라는 절망에 빠졌어요.

사랑하는 사람과의 결혼

룰라의 애인 루르지스는 불안했어요. 당시 군사정부는 노동운동을 억압하고, 노조지도자들에게 '언제라도 과격한 행동을 하면 감옥에 보내겠다'고 공공연히 협박하곤 했으니까요. 루르지스가 다니던 직물 공장의 동료들도 '노동운동을 하면서 감옥에 안 가는 사람을 못 봤다'며 겁주었고, 실제 시위 현장에서 연행되는 사람도 많았을 때였죠.

룰라와의 평범한 생활을 꿈꾸던 루르지스는 노조 활동을 반대했어요. 하지만 룰라는 이미 자신들의 처지를 바꾸기 위해서는 약한 사람끼리 뭉쳐야 한다는 생각을 굳히고 있었어요.

이미 룰라를 깊이 사랑하고 있던 루르지스였기에 룰라를 막을 수는 없었답니다. 에리히 프롬이 『사랑의 기술』에서 말한 것처럼 '사랑은 함께 같은 곳을 보는 것'이니까요. 루르지스도 결국 룰라와 생각을 같이하기로 합니다.

마침내 두 사람은 루르지스의 집에서 브라질식 바비큐와 음료수, 결혼 케이크를 놓고 조촐한 결혼식을 올렸습니다. 1969년 5월이었죠. 그때는 룰라가 막 노조지도부로 선출된 직후였답니다.

린두 여사는 정말 기뻤어요. 세나이를 졸업한 뒤 가족의 생계를 거의 책임지다시피 해 온 룰라가 착한 며느리와 함께 단란한 가정을 꾸리게 되어서 말이죠.

룰라의 첫 번째 부인, 루르지스와의 결혼식

"어머니, 이제껏 잘 키워 주셔서 감사합니다. 잘 살게요."

"고맙다, 잘 커 줘서. 고생 많았고, 행복해야 해."

신혼여행을 떠나기 전 룰라는 린두 여사를 껴안고 오랫동안 흐느껴 울었습니다. 북부 내륙에서 보름 동안 짐칸을 타고 떠나 온 일, 목이 눌릴 만큼 나무를 이어 날랐던 일, 구두닦이, 오렌지 행상, 실직자로 떠돌던 때 등, 많은 일이 한꺼번에 떠올라 북받쳐 올라왔기 때문이에요. 그런 힘든 상황 속에서 온갖 험한 일을 하며 자식들을 키워 낸 린두 여사의 손을 붙잡으니 룰라의 눈에서는 하염없이 눈물이 흘렀습니다.

짧은 신혼, 아내와 아이를 잃다

룰라와 루르지스는 더 바랄 게 없었어요. 사랑하는 사람과 함께 살고, 적지만 둘의 월급으로 부모님을 부양하고, 조금씩이나마 적금도 붓고 있었죠. 더구나 룰라는 정식 노동자 자격증이 있어서 체력만 유지된다면 평생 일하며 남부럽지 않게 살 꿈도 꿀 수 있었어요.

1971년, 루르지스가 임신을 하자 룰라와 루르지스는 온 세상을 다 가진 기분이었답니다. 태어날 아이를 상상하며 부모가 될 꿈에 한껏 부풀어 있었어요.

하지만 행복은 그리 오래가지 않았어요. 임신 7개월째 접어들

세상을 바꿀 거야

면서 루르지스는 몸이 예전 같지 않다는 것을 느꼈어요. 현기증이 나고 토하기도 했어요. 입덧 시기가 훨씬 지났는데도 몸은 누워 있는 것조차 힘들 정도로 나빠졌습니다.

보다 못한 룰라가 상파울루에 있는 모델루 병원으로 데려가 진찰을 받아 봤지만, 의사들은 루르지스의 상태를 정확하게 파악하지 못했어요. 의료 시설이나 검진 장비가 형편없었기 때문이죠.

"선생님, 아무래도 이상합니다. 혹시 간염이 아닐까요?"

"판단은 의사인 제가 합니다. 부인은 일반적인 산모들이 겪는 증상을 앓고 있을 뿐이에요."

"얼굴이 너무 노랗지 않습니까. 집에서도 너무 힘들어하고 있어요. 입원시켜서 정확히 검사해 주세요."

"운동 부족입니다. 많이 걷고, 영양을 충분히 섭취하세요."

결국 루르지스는 최악의 상황까지 가게 되었습니다. 눈동자가 달걀노른자처럼 노래지자 의사들이 서둘러 입원시켰지만, 이미 때는 늦고 말았어요.

급해진 의사들이 제왕 절개 수술을 결정하자 룰라도 아이의 옷가지를 챙기기 위해 집으로 가려고 했어요. 하지만 루르지스는 나쁜 예감을 떨칠 수가 없었어요. 그토록 보고 싶던 아기 얼굴을 못 보고 죽는 게 아닌가 하는 불안감 때문이었어요.

"여보, 가지 마요. 불안해. 이대로 죽는 거 아닐까…?"

"괜찮아, 루르지스. 내일 수술하면 아이도 당신도 건강할 거야.

룰라, 소통의 리더십을 보여 줘

조금만 참자."

"여보, 내 곁에 있어요."

"빨리 다녀올게. 아가가 세상에 나와서 입을 옷은 챙겨야지."

그것이 마지막이었어요. 룰라가 아기 옷을 챙겨서 병원으로 돌아왔을 때 이미 입원실은 통제되고 있었어요. 아이는 세상의 빛을 보지 못한 채 죽었고, 루르지스 역시 '잘 있어' 한마디도 못한 채 수술실에서 숨을 거두었어요.

룰라는 제정신이 아니었습니다. 머릿속이 하얘지고 아무 생각도 할 수 없었어요. 바닥에 털썩 주저앉았습니다. 먹은 것도 없는데 자꾸 토했습니다. 울부짖지도, 따질 수도 없었어요. 하염없이 눈물만 흘렸습니다.

어지간한 아픔에는 이골이 난 룰라이지만 닥친 현실은 너무도 가혹했어요. 아이를 낳으면서 세상을 뜬 아내와 세상의 빛도 보지 못하고 엄마 뱃속에서 죽은 아이…. 룰라는 하늘을 원망하며 울고 또 울었습니다.

뒤늦게 소식을 듣고 달려온 가족들도 망연자실했답니다. 룰라의 친구이자 루르지스의 오빠인 랑바리는 주검을 덮은 흰 천 아래로 루르지스의 상처 난 복사뼈가 드러나자 통곡하고 말았어요. 복사뼈의 상처는 루르지스가 열 살 때 밭에서 일하다가 괭이에 찍혀 생긴 상처였어요.

루르지스의 장례는 룰라의 신혼집에서 치러졌습니다. 낡아 삐걱거리던 그 집은 관의 무게를 이기지 못하고 내려앉아 버려, 신혼집은 친척들의 눈물바다가 되었어요. 누추한 집이지만 룰라의 집은 조문하는 친척과 친지들, 노조원들로 발 디딜 틈이 없었어요.

스물다섯 살의 나이에 아내와 아이를 한꺼번에 잃은 룰라는 엄청난 충격에 휩싸였습니다. 하늘이 내린 혹독한 가난과 시련, 이제 좀 살 만하다 할 때 닥친 이별과 슬픔은 룰라를 깊은 절망에 빠뜨렸습니다.

룰라는 암담했어요. 희망을 품기도 숨을 쉬기도 어려웠죠. 병원과 세상에 대한 분노, 자신을 다시 한 번 나락에 빠뜨린 하늘에 대한 원망, 떠나간 사람에 대한 그리움으로 룰라는 완전히 다른 사람이 되어 갔어요.

좌절과 방황 끝에…

무려 3년 6개월이나 이어진 방황이었답니다. 룰라는 공장과 집만 왔다 갔다 하면서 자신을 다른 사람들과 고립시켰어요.

사랑을 주제로 한 음악은 룰라를 울적하게 했습니다. 버스나 시장, 집에서도 음악을 듣다가 펑펑 울어 버린 날이 많았답니다. 천성이 착하고, 여린 그였기에 사랑하는 사람과의 이별은 걷잡을 수 없는 고통을 주었어요. 아직은 20대의 젊은 나이였기에 가끔은 진탕 술을 마시고, 방탕한 생활에 빠져들기도 했답니다. 일이 끝나면 곧장 술집으로 향하는 날이 늘어 갔어요. 외로움은 그의 삶 전체를 망가뜨렸어요.

룰라는 매주 아내와 아이가 묻힌 빠울리세이아 공동묘지를 찾아갔어요. 어느 날 룰라는 내면에서 이런 소리를 들었어요.

'룰라, 이겨 내. 일어나! 죽은 아내와 아이 몫까지 더 열심히 살아.'

방황을 끝낸 룰라는 이제 삶 속으로, 치열한 현장으로 돌아왔어요. 어머니 린두 여사는 지혜롭게도 방황하는 아들에게 그 어떤 잔소리도 하지 않았답니다. 아픔만이 사람을 단련시킨다는 것을 굴곡진 인생 경험을 통해 체득한 린두 여사는 깊이깊이 아파하도록 룰라를 내버려 두었어요. 다만 따뜻한 음식을 마련해 주고, 잠자리를 살피는 것으로 룰라에게 돌아가야 할 가족이 있음을 넌지시 깨닫게 해 줄 뿐이었어요.

다시 치열한
삶 속으로

"나는 좌파도 우파도 아니다.
나는 오로지 선반공이요, 사람파다."

룰라

아내와 아이의 죽음은 룰라의 삶을 바꿔 놓았어요. 의료 사고로 죽은 가족을
대신해 룰라는 모두의 삶을 나아지게 만들고 싶었거든요. 그가 노조 활동에
몰두하게 된 이유도 바로 사람들과 끊임없이 토론하고 공공의 일을 도모하는
즐거움 때문이었어요. 꾸준히 노동법을 공부하고 현장의 소리를 들으며 룰라
는 '참을성 많은 귀'와 '똑똑한 입'을 가진 지도자가 되어 갔습니다.

금속노조 일에 몰두하다

현실로 돌아온 룰라가 가장 열정적으로 매달린 것은 사웅베르나르두두깡뿌 이 지아데마 금속노조 일이었어요. 룰라는 죽은 아내와 아이의 몫까지 살아 내기 위해서는 '뭔가 다른 사람들의 삶을 나아지게 하는 일'에 몰두해야 한다고 생각했어요.

아이와 아내를 무지와 취약한 의료 환경으로 잃었던 그였기에 자신과 같은 비극이 다른 사람에게 일어나지 않도록 하는 일에 평생을 바칠 결심을 하게 됐어요.

룰라가 노조 활동에 깊이 매료된 것은 앞서 말한 것처럼 노조 안에서 활발하게 이뤄지는 토론과 사람들과 함께 공동의 일을 도모하는 즐거움 때문이었어요.

임금 협상이나 파업을 앞둔 시점에는 노동자들의 의지를 북돋우기 위해 격렬해지기도 하지만, 대체로 노조 활동은 친밀한 가족 공동체와 같았어요. 가령 노조원 한 명이 집안에 큰일을 당하면 모두 달려가 자기 일처럼 나섰어요. 아이가 불량배와 어울리다가 사고를 쳤을 때도 자기 아이처럼 걱정하고, 함께 고민하면서 일을 해결해 나갔죠.

룰라도 아내와 아이의 장례식을 치를 때 많은 도움을 받았어요. 외로움에 지친 룰라는 '서로를 따뜻하게 챙기는' 사람 냄새 나는 노조를 가족처럼 느끼게 되었어요.

노조 활동을 통해 룰라는 정신적인 안정을 되찾아갔을 뿐만 아니라 정서적, 지적으로도 이전과는 완전히 다른 자신을 경험하게 되었습니다.

수줍고 소심했던 성격은 점차 활달하고 적극적인 성격으로 바뀌었어요. 많은 사람을 만나 격의 없이 대화해야 했기 때문이었죠.

"신입 사원의 월급이 너무 적어요."

"아니, 야근 시간을 줄이는 게 가장 중요합니다."

"그렇다면 야근은 피할 수 없으니 휴일 수당을 두 배로 늘리는 방안을 제시합니다."

이렇게 서로 다른 요구를 하고, 다른 생각을 하는 사람들과 대화하면서 그는 가장 절실한 공통적인 요구를 뽑아내고, 해결책을 제시하는 능력을 키워 나갔습니다. 이를 위해서는 오래오래 참고 듣는 진득한 귀가 절실하게 필요했어요. 룰라는 숱한 노조 활동을 통해 '참을성 많은 귀'와 자기 생각을 정확한 언어로 전달하는 '똑똑한 입'을 갖게 되었답니다.

이때부터 룰라는 현장에서 대화를 통해 일을 풀어 나가는 정치의 기본 기술을 터득했습니다. 어떤 책이나 다른 사람의 이론에 영향을 받지 않았어요.

"나는 좌파●도 우파●도 아니다. 나는 오로지 선반공이요, 사람파다."

룰라가 자주 한 말입니다. 그의 생각과 행동은 모두 공장에서 직접 일하면서 나온 것이란 뜻이에요. 여러 사람들의 간절한 목소리가 반영되지 않은 정책은 아무런 의미가 없다는 뜻이기도 합니다.

노조에서 법률 자문을 맡다

이후 4년 동안 룰라는 빌라리스 금속 공장의 노동자이자 금속노조의 법률자문 보조 업무를 맡게 되었어요. 낮에는 공장에서 일하고, 밤에는 노조사무실에 출근하는 강행군이었지만 룰라 일생에서 가장 중요한 훈련 기간이었다고 볼 수 있어요.

"많은 사람이 사무실에 와서 의견을 물었는데, 제가 모르는 안건도 많았어요. 이때는 질문한 사람의 이름과 전화번호를 메모해두었다가 노조 고문 변호사에게 물어 알려 주었어요."

노동법을 공부해 노조원들을 교육하고 상담하는 일, 노사 협상에 노조원 대표로 참석하는 일이 법률자문 보조 역의 주요 업무였어

여기서 잠깐

좌파, 우파란?

좌파(좌익)와 우파(우익)라는 말은 프랑스혁명 직후에 국민의회에 참석한 공화파가 의장석의 왼쪽에 앉고 왕당파가 오른쪽에 앉은 것에서 시작됐어요. 변화, 분배, 복지 등을 강조하는 진보적인 성향의 세력은 좌파라고 하고, 반대로 안정, 경쟁, 자유 등을 강조하는 보수주의적인 성향의 세력은 우파라고 부릅니다.

세상을 바꿀 거야

요. 덕분에 브라질의 노동삼법●에 대해서는 자다가도 벌떡 일어나 외울 만큼 줄줄 꿸 수 있게 되었죠. 관련법에 대한 자신의 지식이 턱없이 부족하다는 것을 알게 되면서부터는 각종 법률 서적, 강좌, 토론장을 찾아다니며 부족한 점을 채워 나갔습니다.

사실 법에 보장된 것과 각 사업장의 현실은 격차가 매우 컸어요. 법에는 하루 노동 시간을 8시간으로 못 박고 있었지만 현실은 14시간씩 일해야 했고, 복지나 임금 등도 법과 거리가 멀었어요.

그만큼 '법률적으로 이러이러한 것은 보장되어 있다.' 등의 조언은 현장 노동자들에게 큰 힘이 되었죠. 더구나 룰라는 가난한 노조원들의 형편을 자기 일처럼 가슴 아파했어요. 사업주와의 협상을 조금이라도 유리하게 하려고 밤을 새우며 노동법을 공부해 노조원들에게 알려 주었습니다.

이런 일들을 통해 룰라는 점차 노조 활동의 핵심 인물로 자리 잡았고 1972년에는 금속노조의 사회복지국 제1서기가 되었어요. 이것은 브라질 최대 노조 연맹의 제2인자가 되었다는 것을 의미해요. 전국적인 조직의 핵심 인물이 된 룰라에게는 매일 밤늦은 토론과 회의가 기다리고 있었습니다.

● **노동삼법** : 예전에 근로 기준법, 노동조합법, 노동 쟁의 조정법을 통틀어 이르던 말이에요.

두 번째 사랑을 만나다

밤늦은 시간에 일을 마친 룰라는 번번이 버스가 끊겨 택시를 타야만 했어요. 마침 노조 건물 근처 광장에는 싼 요금으로 운행되던 낡은 폭스바겐 승용차 몇 대가 손님을 기다리고 있었어요. 며칠째 룰라는 같은 택시를 타게 되었는데요.

"매일 늦으시네요. 밤늦게 다닐 때는 무엇보다 사고를 조심하세요. 제 아들은 끔찍하게도 그만 이 차에서 죽임을 당했답니다."

"강도였나요?"

"네. 지금은 제가 몰고 있지만 원래 이 택시는 제 아들이 몰았어요. 제가 앉은 이 자리에서 강도에게 돈을 뺏긴 뒤 살해당했죠."

"얼마나 힘드셨습니까. 사실 저도 아들을 잃었어요. 세상에 나와 보지도 못한 녀석이었죠. 아내가 그 아이를 낳다가 죽었거든요."

"저런, 우리 며느리도 임신 6개월에 남편을 잃었어요. 날벼락 같은 일이었죠."

택시 기사는 왼쪽 주머니에서 사진을 한 장 꺼내 룰라에게 건넸어요. 스무 살 남짓 되보이는 사진 속의 여인은 린두 여사처럼 금발에 파란 눈을 가진 선한 얼굴이었어요. 룰라는 그날 밤 그 택시 안에서 어떤 운명의 끈을 발견했답니다.

'우연치고는 참 오묘하다. 죽은 내 아이는 엄마 배 속에 있은 지

세상을 바꿀 거야

6개월 만에 세상을 떴는데 이 여자의 배 속에 있는 아이도 6개월 만에 아버지를 잃다니….'

택시 기사는 마침 죽은 아들의 연금 수령 문제로 며느리가 고민하고 있다는 말을 룰라에게 전합니다.

"제가 노조 사무실에 있습니다. 며느님을 도와드릴 수 있을 것 같아요. 저를 찾아오라고 해 주세요."

이튿날 룰라는 노조 사무실에 출근하면서 사람들에게 이렇게 일렀습니다.

"젊은 미망인이 남편 연금에 관해 묻거든 무조건 나를 불러. 내가 안내할게."

당시에는 남편의 유족 연금을 받으려면 노조확인서가 필요했어요. 룰라는 사진 속의 그 여인에게 운명적인 사랑을 느꼈고, 사랑을 이루기 위해 행동을 개시했죠.

"말씀 좀 묻겠습니다. 남편의 사망 연금을 타기 위해서 노조확인서를 떼러 왔는데요."

목소리의 주인공은 그 택시 기사의 며느리였고, 아름답고 강인한 인상이었습니다. 룰라는 확인서를 차일피일 미루는 작전을 폈어요.

"법이 바뀌었어요. 오늘은 떼어 드릴 수 없겠는 걸요. 내일 다시 오세요. 차근히 설명해 드릴게요."

"언제 법이 바뀌었다는 거죠? 그런 뉴스를 본 적이 없는데요….”

다음 날 미망인은 같은 시각에 노조 사무실로 찾아왔습니다. 룰라는 말끔하게 차려입고 테이블에 마주 앉았어요.

“기초생활법이 바뀌어서 오늘도 찍어 드릴 수가 없습니다. 어쩌다 남편분이 그리되셨는지… 위로의 말씀을 전합니다.”

알맹이 없는 말을 계속 이어가는 룰라에게 미망인은 조급하게 말했죠.

“출근해야 해서 시간이 없습니다. 확인서에 도장을 찍어 주세요.”

“노조의 승인이 떨어지면 집으로 연락을 드릴게요. 집과 직장 주소 그리고 전화번호를 적고 가세요.”

스물다섯 살의 젊은 룰라가 자신과 처지가 같은 미망인 마리자에게 빠져든 건 어쩌면 당연한 일인지도 몰라요.

마리자의 전화번호를 알아낸 룰라는 매일 밤 그녀에게 전화를 걸었지만 마리자는 받지 않았어요. 룰라에게 조금의 관심조차 보이지 않았답니다. 룰라가 너무 성급했던 것이죠.

하지만 룰라는 물러서지 않았답니다. 매일 퇴근 후 마리자가 근무했던 학교 앞에서 기다리고 있다가 마리자의 집까지 따라가곤 했어요.

운명의 주말, 룰라는 꽃 한 다발을 사 들고 마리자의 집 앞에서 서성이고 있었어요. 마리자는 다른 사람과 데이트할 계획이었지만 서성이는 룰라 때문에 외출할 수가 없었지요.

"제가 마리자의 애인입니다. 따님은 저와 데이트 약속을 했어요."

어머니는 룰라의 말을 믿고 집 안에 있던 마리자를 불러냈고, 결국 마리자도 룰라의 적극성에 마음의 문을 열었어요.

둘은 상파울루의 쁘라이아그랑지 바닷가에서 조촐한 바비큐 파티를 열어 가족에게 서로를 소개하고, 둘의 결혼 계획을 알렸습니다.

6개월 뒤인 1974년에 둘은 가족들만 오붓하게 참석한 자리에서 결혼식을 올렸습니다. 신혼여행은 깡뿌스두조르더웅이라는 산악 지대로 다녀왔어요. 룰라는 이제 첫 아내와 아이를 잃은 슬픔에서 완전히 회복되었습니다.

손자를 잃은 슬픔 대신…

한편 마리자의 시아버지이자 룰라가 전에 만났던 택시 기사는 아들에 이어 며느리와 손자까지 잃게 된 서글픔에 빠지게 되었습니다. 룰라와 마리자는 이들의 허전함을 마음 깊이 안타까워했지요.

마리자의 배 속에 있던 아들 파비우가 태어나자 룰라 부부는 이들 택시 기사 부부를 찾아가 파비우의 대부모●가 되어 줄 것을 간

● 대부모 : 가톨릭에서 영세를 받을 때 신앙의 증인으로 세우는 남자 후견인(대부)과 여자 후견인(대모)

룰라의 두 번째 부인, 마리자와의 결혼식

청했습니다. 친손자이지만 호적상으로는 룰라의 식구가 되어 남남이 될 뻔한 손자였기에 이 부부는 기쁜 마음으로 대부모가 되어 주었고, 그 뒤로도 룰라 가족들과는 가까운 친척처럼 지냈습니다.

룰라는 자신이 사랑하는 사람을 잃는 아픔을 겪어 봤기 때문에 아들을 잃고 자칫 손자까지 못 볼 처지에 놓인 택시 기사 부부의 아픔을 이해했던 것이죠.

'대부모'라는 명목이 참 그럴듯하지 않나요? 파비우에게는 룰라의 자식이자 룰라 가문의 손자임을 못 박아 주고, 친조부모에게는 손자를 가까이에서 지켜볼 수 있는 자리를 찾아 주었으니 말이에요.

자칫 남남으로 끝날 수 있는 혈연을 '대부모'라는 끈으로 연결한 것은 어쩌면 룰라가 숱한 노조 활동을 통해 여러 가지 대안을 찾는 훈련을 해 왔기 때문에 나온 묘수가 아니었을까요? 문제를 피하지 않고, 현명한 해결책을 찾기 위해 끝없이 고민하는 것, 룰라는 이렇게 사회와 가정에서 자신을 발전시켜 나갔습니다.

노조의 핵심 인물로
떠오르다

"내가 노조에서 성장할 수 있었던 이유는
다른 동료 지도자들이 상대적으로 업무에
불성실했기 때문이다. 다른 사람들은 선거 때가
돼야 바쁘게 활동했다. 바로 그 점이 달랐다."

룰라

지식이 많고 말을 잘하는 지도자는 많아요. 하지만 세상이 필요로 하는 지
도자는 번지르르한 말보다는 현실에 맞게 실천하는 사람이 아닐까요? 룰라
는 말투는 어눌했지만 노동자들의 현실을 공감하고 문제를 바로 개선하는
사람이었어요. 높은 지지율을 얻어 노조위원장이 된 후에도 룰라의 장점은
변하지 않았어요.

세상을 바꿀 거야

노조위원장이 되다

룰라가 재혼한 1975년은 브라질에 군사정권이 들어선 지 11년째 되는 해였습니다. 군사정부의 힘이 막강했고, 노동운동이나 시민운동을 극심하게 탄압했기 때문에 사실 노동운동이 큰 힘을 발휘할 수 없었어요.

노조원들이 가장 원하는 것은 임금 인상이었지만 노조는 산업재해 시 의료비와 보험료 지원 등에만 신경 쓸 수밖에 없었어요. 사업주와 법적인 고소·고발 사건이 났을 때 노조에서 법률적인 도움이나 지원을 해 주는 정도로 역할이 크지 않았죠.

룰라는 자신이 할 수 있는 한, 법률이 정하는 한도 내에서 최선책을 찾아 노조원들을 지원했습니다.

노조 제1서기로 일하면서 룰라는 두 가지 안건에 온 힘을 쏟게 됩니다. 당시 브라질 노동자들은 임금의 2%를 보험 회사에 내고 있었는데요. 병이 나거나 직장을 잃었을 때 보험 회사에서 보험금을 받기 위해서였어요.

하지만 문제점은 노동자들이 이미 INPS국민사회복지공단에 보험금을 내고 있다는 거였어요. 이중으로 내고 있는 보험금을 찾아 노동자들에게 돌려주자, 룰라는 노조원들로부터 환영받았습니다. 물론 회사가 조금도 물러서지 않으려 했기 때문에 오랜 시일 협상해야 했지만 말입니다.

룰라가 제1서기로 일하게 되면서 노조 조합원은 빠르게 늘어났어요. 사실 이전 노동자들은 노조를 그리 달가워하지 않았어요. 활동은 기대에 못 미치면서 조합비만 걷어 간다고 생각했죠.

"직원 식당을 만듭시다!"

룰라는 현실적이고 조합원들이 공감대를 만들 수 있는 안건에 집중했어요. 당시 포드와 폭스바겐 같은 외국 기업은 직원 식당이나 직원 버스를 제공하고 있었는데, 국내 기업은 복지가 몹시 형편없었어요.

룰라는 주변의 사례를 연구해서 현실에 적절하게 끌어들였어요. 밥과 버스비는 노동자들의 생존과 직결되는 문제였기 때문에 외국 기업이 좋은 예가 되었던 거예요.

"내가 노조에서 성장할 수 있었던 이유는 다른 동료 지도자들이 상대적으로 업무에 불성실했기 때문이다. 다른 사람들은 선거 때가 돼야 바쁘게 활동했다. 바로 그 점이 달랐다."

룰라는 신중하고 성실하게 노조 활동을 했고, 바로 그 이유 때문에 룰라를 믿고 따르는 사람들이 늘어났습니다. 룰라는 어느새 사람들 사이에서 구심점이 되어 있었어요.

노조위원장에 선출되다

"룰라, 위원장 선거에 나가 주세요!"

세상을 바꿀 거야

조합원들은 믿을 만한 룰라가 위원장에 출마하기를 바랐어요. 전 노조위원장 비다우도 룰라를 지지했어요. 비다우는 매우 야심 만만했지만, 재선을 금지하는 규정 때문에 별수 없이 룰라를 지지 하고 나선 거였어요. 룰라라면 고문으로 물러앉은 자신이 쉽게 조 종할 수 있으리라 생각했죠.

비다우는 기막히게 연설을 잘하고 토론을 잘했지만, 실생활은 기대에 못 미쳤어요. 조합비로 고아원을 방문하여 사진을 찍거나 축구팀을 방문해 악수하는 등 보이는 활동에 치중했어요.

또 그는 매우 보수적인 사람이었어요. 파업이나 시위하는 걸 꺼 렸어요. 한번은 포드 공장 노동자들이 조합으로 찾아와 파업 문제 를 상의했는데, 위원장 비다우는 그들에게 이때 훗날 '고문 연설' 로 유명해진 일장 연설을 하게 됩니다.

"절대 보안법에 어긋나게 행동하면 안 됩니다. 보안법 위반자들 은 끔찍한 고문을 당했어요. 항문에 생쥐를 넣거나 촛농을 떨어뜨 리기도 합니다. 그렇게 고문당하고 싶으세요?"

노동자들은 협상이 안 될 경우에 어떻게 해야 할지 상의하러 왔 는데 노조위원장은 잔혹한 고문 이야기만 늘어놓은 거예요. 이런 비다우의 이미지 때문에 당시 노조는 정부의 존경을 받는 '어용 노조'로 불렸어요. 결정적인 순간에는 노동자들에게 등을 돌렸기 때문이었죠.

비다우는 또한 적이 많았어요. 자기편과 아닌 편을 확실히 구분

했고, 경쟁적으로 자신을 지지하도록 사람들을 부추겼어요. 결국 자기편 사이에서도 비다우를 믿는 사람이 극소수에 불과했지요.

룰라는 그때까지도 대중 앞에 나서서 연설하는 것을 두려워했어요. 줄줄 외웠던 원고도 강단 앞에 서면 까맣게 잊어버리기 일쑤였어요.

룰라가 노조위원장 후보로 연설할 때도 마찬가지였어요. 야심만만한 비다우는 룰라를 소개하고 나와야 하는 자리에서도 룰라가 할 말까지 다 해 버리곤 했어요. 결국 룰라는 "제가 하고 싶은 말은 비다우 고문이 다 했습니다."라고 말해 웃음거리가 되기도 했답니다.

하지만 이미 노조원들은 룰라의 한 가지 단점보다 백 가지 장점을 마음으로 알고 있었기에 그를 열렬히 지지했어요.

룰라는 역사상 가장 높은 92%의 찬성으로 위원장에 당선되었습니다. 92%의 지지는 10명 가운데 9명이 그의 손을 들어 주었다는 뜻이에요. 학급회장 선거에서도 그 정도의 지지를 받기는 어렵죠? 더구나 여러 파벌로 갈라져 이해관계가 실타래처럼 얽힌 노조에서 92%의 지지를 받는다는 것은 쉬운 일이 아니에요.

룰라는 그만큼 자신의 반대파에게도 문을 열어 대화하고 포용했어요. 룰라는 보수적인 견해를 지지했지만, 좌파와도 술잔을 기울이며 그들의 의견을 수용하려고 애썼죠. 이런 룰라의 소통 능력이 92%의 지지율을 만든 겁니다.

세상을 바꿀 거야

연설은 다소 서툴지만 단순명료하게 말하는 그의 말투도 사람들에게 믿음을 주었어요. 지나치게 말만 번지르르하기보다 오랜 고민과 힘든 삶에서 배어 나온 단순명료한 룰라의 화법은 사람들에게 큰 감동을 주었어요.

남편의 후보 진출을 적극 지지했던 아내 마리자의 힘도 많은 도움이 되었어요. 만삭의 몸을 이끌고, 노조원들의 집을 찾아다니며 사는 형편을 살피고 룰라를 알렸으니까요.

새로운 노동운동의 탄생

두 아이의 아버지가 된 룰라는 안정된 가정을 바탕으로 10만여 명에 이르는 노조원들을 이끌었어요. 그의 노력으로 노조는 변하기 시작했습니다. 룰라는 노조가 집행부만의 것이 아니라 모든 조합원의 것이라면서 노조의 업무에 대하여 가능한 한 많은 노조원이 참여하도록 유도했어요. 모두에게 노조의 문을 활짝 열어 둔 것이죠.

또 더는 노조원들이 노조를 찾을 필요가 없게 했어요. 왜냐하면 노조원들이 있는 곳이라면 노조가 먼저 그들을 찾아갔으니까요. 룰라는 노조원들이 필요한 것이 무엇인지, 그들의 불만이 무엇인지 현장에서 귀담아 듣고 그것을 노조 정책에 반영했어요. 노조원들의 위에 군림하고 조언하는 엘리트 집단이 아니라 진정으로 노조원들의 이익을 보호하고 대변하는 실질적인 단체로 변해 갔던 것이죠.

더불어 룰라는 대중 앞에서 조리 있게 말하는 법을 조금씩 배워 갔습니다. 물론 쉽지는 않았어요.

노조위원장으로 선출된 직후 한 TV 방송국과 인터뷰할 때였어요.

"브라질 최대 노조의 위원장이 되셨는데요. 소감이 어떠신지요?"

"아, 네… 기쁩니다…."

룰라가 마이크 앞에 서서 어찌나 떨었던지 진행자가 의자를 내줘 결국 앉아서 인터뷰했을 정도였고, 인터뷰 중간중간 말이 끊어져 정적이 흐르는 순간이 많았어요.

그 후 룰라는 노조위원장 취임식 때 읽을 원고를 들고 매일 거울 앞에서 연습하기 시작했어요. 거울을 보고, 자신의 표정을 보면서 외웠던 원고를 되살리는 연습을 수없이 했어요. 그 결과 룰라는 마이크 공포증을 극복하게 되었답니다.

노조위원장 취임식 날이었어요. 상파울루 주지사부터 많은 저명인사가 무대 위편에, 밝은 조명 너머로는 수천 명의 노조원이 모두 그에게 시선을 집중하고 있었습니다. 그 가운데에는 두 아들과 아내 마리자, 어머니 린두 여사가 자리하고 있었어요.

'아들아, 힘을 내렴. 너는 잘해낼 거야. 이제껏 그래 왔잖아.'

룰라는 어머니의 시선에서 큰 힘을 얻었고, 마침내 긴장된 분위

룰라 대통령의 생애를 다룬 영화
〈룰라, 브라질의 아들〉 2009

기 속에서 역사적인 위원장 취임 연설문을 읽어 내려갔어요.

"우리는 지금 암흑의 세계로 가고 있습니다. 한쪽은 마르크스 사상의 노예가 되어 생각과 표현의 자유를 누리지 못하고 있고, 다른 한쪽은 경제력의 노예가 되어 오직 돈을 벌 목적으로 미친 듯이 달려 나가고 있습니다."

룰라는 이 연설에서 자본주의와 사회주의를 동시에 비난했어요. 군사독재가 절정인 시대에 자본주의를 비난하는 것은 큰 용기를 필요로 하는 일이었어요. 사회주의를 비난하는 것 또한 노조원 대부분이 사회주의 이념에 관심이 있다는 점에서 위험할 수도 있었답니다. 이는 룰라가 군부와 미국 CIA의 끄나풀이라는 소문을 낳기도 했으니까요.

룰라는 또한 연설을 통해 새로운 노동운동을 전파했습니다.

"제가 이끄는 노조는 노동자들과 기업가들 그리고 사회 각 계층 사이에 상호 이해를 이끌어 내는 것입니다. 기업가는 우리의 적이 아닙니다."

룰라는 진정한 실용주의자요, 타협의 정치가였어요. 필요하다면 사회 계급이나 계층을 떠나 모든 사람과 대화하겠다는 것을 처음부터 분명히 선언한 것이죠.

세상을 바꿀 거야

비밀주의는 체질에 안 맞아!

룰라는 형 프레이의 영향으로 공산주의자가 될 수도 있었어요. 하지만 천성이 솔직하고 개방적인 그는 공산주의의 비밀주의를 매우 혐오했어요.

한번은 프레이가 룰라를 공산당으로 끌어들이기 위해 당 간부와 비밀리에 만나게 한 적이 있었어요. 사웅베르나르두두깡뿌São Bernado do Campo 교회 광장의 한 벤치가 약속 장소였죠.

당 간부는 룰라에게 아주 조그맣게 속삭였어요.

"룰라, 비밀경찰들이 미행할 수 있으니 신문지로 입을 가리고 말해요."

"무슨 소리요? 나는 지은 죄가 없소!"

"세상은 위험하오. 신문을 보는 척하는 게 어려운 일은 아니잖소."

"위험하다니… 나는 그럴 생각이 없소."

비록 짧은 만남이었지만 룰라는 마치 스파이처럼 쉬쉬거리며 은밀하게 행동하는 것이 못마땅하여 공산당 입당을 포기하고 말았어요.

룰라와 공산주의는 애초에 궁합이 맞질 않았던 거죠. 이 일은 오히려 룰라에게 매우 유리하게 작용했어요. 이때 만일 그가 브라질공산당에 가입했었다면 프레이처럼 고문을 당하고 감옥에 가야 했을 테니까요.

이처럼 룰라는 무슨 일이든 가능하면 공개적으로 토론하고 또 많은 사람과 스스럼없이 의견을 나누었는데 이런 성향이 대통령이 되는 데 큰 역할을 했답니다.

시련의 13년,

대통령을 꿈꾸다

'강한 룰라'로
거듭나다

"정치는 어머니의 마음으로 해야 한다.
자식이 열 명 있는데 닭 한 마리뿐이다. 어머니는 아이들에게
공평하게 나눠 준다. 하지만 아이 하나가 다른 아이들보다
약하거나 아프면 어머니는 그 아이에게 더 신경을 쓴다.
어머니 마음으로 가난하고 소외받은 자들과 대화해야 한다."

룰라

공산주의자였던 룰라의 형 프레이는 비밀경찰에게 끌려가 고문을 당했어요. 다른 생각을 가졌다는 이유로 고문당한 형을 보며 룰라의 삶은 다시 한번 바뀌게 돼요. 축구에 열광하는 평범한 노동자에서 현실적으로 타협할 줄 아는 노조위원장이 되었고, 이제는 불의와 독재에 맞서 싸우는 강한 전사가 된 거예요.

형의 투옥

1975년에 노조위원장에 취임한 직후, 룰라는 일본에서 열린 도요타자동차 노조의 국제회의에 참석했어요. 첫 번째 해외 방문이었죠. 그런데 일본에 머무는 동안 브라질로부터 한 통의 전화를 받았습니다. 상파울루 노동청장이 걸어온 전화였답니다.

"룰라, 유감스럽지만 당분간 귀국하지 마십시오."

"무슨 말씀이세요?"

"당신 형이 붙잡혔어요. 프레이 쉬꾸가 행방불명 되었소."

"아니 누가 왜 형을 잡아갔단 말입니까?"

"군부가 잡아간 것 같소. 그가 어디 있는지, 살았는지 죽었는지 아무도 모르오."

"그렇다면 더욱 귀국해야죠. 형을 찾아야 합니다."

"그건 자살 행위요. 군부가 당신도 잡아갈지 몰라요."

룰라는 위험을 무릅쓰고 급히 귀국해 백방으로 프레이의 행방을 수소문했어요. 노조의 고문 변호사와 동행해 직접 군 사령부를 찾아가기도 했죠. 5시간을 기다렸지만 프레이의 소식은 알 수 없었어요.

룰라와 린두 여사는 프레이를 찾기 위해 인근 산을 샅샅이 뒤지기도 했어요. 살아 있다는 소식을 듣지 못했으니 어딘가에 암매장됐을 수도 있다고 생각했기 때문이죠.

그 사이 프레이는 비밀경찰국에서 문초를 당하고 있었답니다. 비밀경찰은 프레이를 고문하여 노조위원장이 된 룰라를 위험에 빠뜨리려 했어요. 러시아 공산당 지도자에게 비밀 서한을 전달하기 위해 룰라가 일본에 갔다는 허위 자백을 프레이로부터 받아 내려 했던 것이죠.

하지만 프레이는 한 달 동안 고문을 당하고, 감옥에 갇히면서도 끝까지 거짓을 말하지는 않았답니다. 결국 무혐의로 풀려나게 되었어요.

프레이는 비밀경찰에게 끌려가기 직전, 뭔가 수상한 낌새를 눈치챘어요. 군부가 브라질공산당원들을 불법으로 감금하고 고문한다는 소문이 파다했고, 함께했던 동료들이 하나둘 주변에서 사라지기도 했으니까요.

불안했던 프레이는 어느 토요일 오전, 부인과 아이들이 외출한 틈을 타서 세탁기 밑에 숨겨 놓았던 공산당 비밀문서들을 들고 집 앞 공터로 나왔어요. 때마침 프레이의 집을 감시하고 있는 비밀경찰들에게 현장에서 바로 몸수색을 당했고, 그 자리에서 체포되고 말았던 거예요.

"봉고차에 타고 있던 무장 경찰들이 나를 에워쌌어요. 나는 공포에 휩싸였죠. 그 순간 내 머리에는 온갖 상상들이 스쳐 갔습니다. 아내와 자식들의 모습이며 어머니의 얼굴까지 스쳐 갔죠. 더구나 제 손에 공산당 문서까지 들려 있었으니 그야말로 최악의 상황이었어요."

당시 그곳에서 프레이가 납치되는 것을 본 사람이 아무도 없었고, 비밀경찰들은 프레이의 얼굴에 두건을 씌워 어디론가 끌고 갔어요.

"인간으로서의 자존심을 무너뜨리기 위해 온갖 협박과 고문이 이어졌어요. 누구인지도 모르는 낯선 사람들 앞에서 옷을 발가벗기고… 정신적인 고문 다음에는 육체적인 고문이 뒤따랐습니다. 허위로 자백할 때까지 의식을 잃을 정도의 고통스러운 고문들이 이어졌고, 그렇게 일주일을 버텼어요."

룰라는 형이 고문당했다는 사실을 알고는 치를 떨었어요.

"프레이같이 평범한 사람을 왜 잡아가 모진 고문을 했던 것일까? 공산당은 합법적인 정당이 아닌가? 왜 자신들의 생각과 다르다는 이유만으로 사람을 잡아 초주검을 만든단 말인가."

룰라는 형을 면회하러 가는 차 안에서 자신에게 많은 질문을 던졌고, 그의 삶은 이 일을 계기로 다시 한 번 크게 변하게 되었어요. 모든 사람과 좋은 관계를 유지하려 했던 룰라가 불의에 맞서 싸우는 전사 룰라로 바뀌게 된 것이죠.

룰라의 독백처럼 사실 프레이는 평범한 노동자였어요. 합법적인 노조 간부였고, 공산당에 가입한 것 또한 당시 브라질의 지식인 사회에서는 얼마든지 용인되는 일이었어요.

브라질은 우리나라와 다른 역사적·정치적·사회적 배경을 가지고 있답니다. 브라질은 1500년부터 1822년까지 포르투갈의 지배를 받았어요. 300년이나 되는 오랜 기간 동안 브라질은 백인 지배층과 흑인 노예 피지배층으로 확실히 나뉘었어요. 독립 후에도 격차는 줄지 않고, 오히려 더 커져만 갔죠. 인종과 빈부의 뿌리 깊은 갈등은 사회적 약자를 대변하는 이념을 낳았고, 공산주의와 사회주의 이념도 폭넓게 받아들여지는 분위기였어요.

6·25의 비극을 겪은 우리나라는 공산주의라면 입에 올리는 것조차 위험하게 여겼지만, 남미와 유럽에서는 하나의 정당으로 인정받고 있었답니다. 게다가 브라질은 유명한 종속이론*가인 카르도주가 대통령을 지낸 곳이고, 해방신학*도 가톨릭 신부를 중심으로 크게 퍼져 있었어요.

이런 이유로 1917년 러시아에서 공산 혁명이 일어난 5년 뒤인 1922년에 브라질공산당이 생겼고, 그때까지 합법적인 정당으로 활동할 수 있었습니다.

여기서 잠깐

종속이론이란?

종속이론은 개발도상국의 경제 발전에 대한 이론이에요. 1960년대에 이론가 프랭크(A. G. Frank)에 의해 창안되었는데요. 그는 미국이나 유럽 선진국 같은 중심 국가에 나머지 개발 도상국인 주변 국가들이 종속되어 있다고 보았어요. 이런 종속관계로 인해 중심 국가는 주변국들을 착취하고, 결국 주변국들은 발전할 수 없게 된다는 것이죠. 이 이론은 특히 중남미 경제 이론에 많은 영향을 미쳤습니다.

세 번의 자기 혁명을 거쳐

"형의 고문 사건은 나를 완전히 바꿔 놓았어. 더는 두려워 떨지 않게 되었지. 싸우겠다는, 내 한 몸 어찌 되든 상관없다는 생각이 들었어. 결국 형에게는 고통이었지만 나에게는 중대한 전환점이 되었지."

룰라는 이렇게 세 번의 자기 혁명을 했습니다. 축구를 즐기고 가정을 책임지는 성실한 노동자에서 맡은 일에 최선을 다하는 노조간부로, 다시 불의와 독재에 맞서 자신을 희생하는 정치적인 존재로 거듭난 것이죠.

어쩌면 룰라의 변신은 당연한 것인지도 몰라요. 혹독한 가난 속에서 컸고, 열악한 의료 환경 탓에 아내와 아이를 잃었고, 경제 위기로 일자리를 잃어야 했던 자신의 힘든 일생이 형의 구속과 고문으로 폭발하고 만 것이었으니까요.

여기서 잠깐

해방신학이란?

1960년대 후반부터 라틴아메리카 가톨릭 신학자들을 중심으로 전개된 기독교 신학 운동이에요. 사회적으로 소외된, 가난하고 억압받는 사람들의 관점에서 가톨릭의 교리를 해석하고, 이를 사회개혁에 적용하려는 움직임이었지요. 특히 빈부격차와 사회적 불평등이 심했던 브라질의 경우, 보피(Boff) 신부 형제가 중심이 되어 교회의 적극적인 사회 참여를 주도했습니다.

그 후로 룰라는 노조 총회 등 공개된 연설에서 더는 자신의 소신이나 의견을 감추거나 에둘러 말하지 않았습니다. 여러 사람 앞에서 수줍음을 타고 말을 더듬거리던 태도도 사라졌어요.

이 과정에서 룰라의 연설은 당시 군사정부에 대한 신랄한 비판으로 이어졌고, 비판의 강도가 세질수록 노조원들은 그의 연설에 열광했어요.

그는 결코 공산주의나 사회주의의 교조인 마르크스Marx 18118-1883나 레닌Lenin 1870-1924 혹은 트로츠키Trotskij 1879-1940 같은 사람들의 책을 읽은 적도 없었어요. 오직 생활에서 우러나온 신념으로 자신의 철학을 굳게 다져 나갔죠.

한번은 노조의 재무를 담당하던 데자우마 봉이 레닌의 『노조에 대하여』를 읽고 있는 것을 보았어요.

"글쎄, 그게 도움이 되겠나. 브라질은 브라질만의 현실이 있어. 그 시간에 차라리 이곳 노동자들을 공부하는 게 어때?"

룰라는 공산주의 이론가들의 얘기에 몰두하느니 단 일 분이라도 노동자들의 이야기를 듣고, 그들의 고충을 해결하기 위해 노력하는 것이 훨씬 중요하다고 생각했어요.

"내 정신적인 멘토는 바로 우리 어머니였다."

룰라는 책이나 이론보다 자신이 따를 만한 사람, 들을 만한 사람의 이야기에 귀 기울였죠. 노조 활동에서 중요한 결정을 할 때마다 룰라는 어머니 린두 여사를 떠올렸어요.

'어머니라면 교육비를 보조받기 원하실까, 직원 식당에서 점심 주는 걸 원하실까?'

이렇게 떠올리다 보면 노조에서 집중해야 할 복지 문제의 가닥이 잡혔다고 해요.

사실 룰라는 어머니의 삶 속에서 정통성, 도덕성 없는 권위와 권력에 단호하게 대항하는 것을 배웠어요. 아버지를 떠나기로 결심하고는 곧바로 행동에 옮겼던 어머니의 결단력과 불의에 저항하겠다고 결심한 뒤 곧바로 자신을 바꾼 룰라의 모습은 많이 닮았어요.

린두 여사는 단호했지만 한없이 따뜻한 여성이었어요. 남편의 두 번째 부인이 어려움에 처하자 친동생처럼 거두고, 노후까지 보살펴 줄 정도로요.

관용과 사랑이야말로 린두 여사가 행동으로 보여 준 지침이었고, 룰라는 노조 활동 내내 이 살아 있는 가르침을 실천하며 지냈습니다.

시련의 13년, 대통령을 꿈꾸다

파업의
선두에 서다

"나도 인간인데 고등교육을 받은 사람이 무척 부럽다.

경제학자가 되고 싶었는데 그러지 못했다.

하지만 그렇다고 실망하지는 않는다.

가장 중요한 자질이 있으니까."

룰라

룰라는 브라질 제1의 노조위원장이 되었지만, 그는 부자가 된 것도 명예를 얻은 것도 아니었어요. 그에게 '위원장'은 노조원의 뜻을 모아 실천하는 자리였기 때문이에요. 브라질 노동운동의 새 역사를 쓴 1978년, 룰라는 평화 시위의 원칙을 지키면서도 '투쟁 아닌 협상'으로 노동자들의 임금을 올렸답니다. 하지만 파업의 선두에 선 그의 길은 결코 쉽지 않았어요.

1976년 임금 인상 파업

가장 큰 규모의 노동조합에서 위원장이 되었다는 것은 그만큼 정부와 기업주들과 맞서 싸울 일이 잦다는 걸 의미합니다. 연설할 기회도, 인터뷰할 기회도 많은 자리였죠.

형 프레이의 구속을 계기로 '강한 룰라'로 변신한 룰라는 어떤 자리에서건 군사정부를 거침없이 비판했어요. 군부와 기업주는 물론 사회지도층은 룰라의 존재를 매우 껄끄러워했어요. 언제 어디서 자신들을 향해 비난의 화살이 날아올지 몰랐거든요.

룰라를 따르던 사람들은 불안했어요. 만약 룰라가 구속되기라도 한다면 단결된 힘을 과시하던 노조가 언제 분열될지 모르기 때문이었어요.

"룰라, 언론법을 좀 봐. 되도록 구속될 소지를 남기지 말라고."

"아니, 난 언론법의 '언'자도 보지 않을 생각이야. 법이 정해 준 틀에서만 어떻게 행동할 수 있단 말인가. 그럴 바에는 차라리 모르는 게 나아."

룰라는 인간이라면 자기 생각을 자유롭게 표현할 권리가 있고, 이를 막는 법이라면 따르지 않는 게 낫다고 생각했어요. 더구나 당시 언론법이나 파업법 등은 1930년대에 만들어졌거나 1964년 군사정권이 만든 것으로 매우 보수적이고 낡아서 시대에 맞지 않았죠.

시련의 13년, 대통령을 꿈꾸다

하지만 주변에서는 룰라에 대한 걱정이 커졌어요. 노조원은 날이 갈수록 불어났고, 그들의 요구도 점점 늘어났지요. 자칫 정부에서 규정해 놓은 불법적인 파업을 해야 할 상황까지 갈 수도 있었어요.

"그렇다면 파업법이라도 알아 두게. 알아서 나쁠 거 없잖아. 우리라고 노조원들의 요구를 어떻게 일일이 대변할 수 있겠어?"

노조 간부들과 노조 소속 변호사들은 룰라의 신변을 걱정했지만, 룰라는 듣지 않았어요. 노조위원장이란 자리가 노조원들의 뜻을 모아 실천하는 자리이지 연설이나 하고 월급이나 받는 자리는 아니라고 생각했기 때문이에요.

룰라는 노조를 드나드는 사람들의 말에 점점 많은 관심을 기울였어요. 노조원들이 노조가 더욱 강력하게 움직일 것을 요구하면 주저 없이 그들의 말을 따랐지요.

결국 가장 열렬한 노조원들은 좌파였기에 그 역시 좌파로 변하게 되었습니다. 이 모든 변화는 형 프레이가 경찰에 끌려가 고문을 당한 뒤부터 본격적으로 시작되었고, 이제 룰라에게는 두려움이 없었습니다.

1978년 파업

1970년대 전반기, 특히 메디시 정권이 들어섰던 1969부터

1974년 사이에 브라질은 정치적으로 암울했지만, 경제적으로는 이른바 '브라질의 기적'이라고 하는 중흥기를 맞고 있었습니다.

이 기간에 브라질의 국민총생산(GDP)은 연평균 11%가량 상승했고, 인플레이션은 1950년대 이래 가장 낮은 수치를 기록하고 있었답니다. 외국 자본이 브라질로 쏟아져 들어왔고, 그 덕분에 상파울루를 중심으로 한 브라질 노동자들은 어느 때보다 많은 혜택을 누릴 수 있었어요.

하지만 1973년 중동의 '오일쇼크●'가 발생하면서 상황은 역전됐어요. GDP 성장률이 5.6%대로 추락하고 임금은 그대로인데 물가는 천정부지로 치솟았어요.

여기에 기름을 붓는 사건 하나가 발생했어요. 경제학자 에두아르두 수쁠리시가 '브라질 군부가 인플레이션 수치를 조작·발표했다'고 폭로한 것이에요. 제뚤리우 바르가스 재단이 발표한 1973년 브라질의 인플레이션은 22.5%였으나 군사정부가 이를 12.6%로 조작해서 발표했다는 사실을 일간지 〈폴랴 지 상파울루〉에 기고했어요.

인플레이션을 10%나 낮춰 조작한 것은 매우 심각한 일이었어요. 노동자의 임금이 물가 상승률에 비례해서 책정되고 노동법원이 인플레이션에 맞춰 최저임금을 정하면 나머지도 그 기준에 따

● **오일쇼크(oil shock)** : 1973년부터 1974년에 걸쳐 국제 석유의 가격이 계속 오르면서 석유를 소비하는 국가들을 비롯해 세계 각국에 경제적 타격을 준 석유파동이에요.

시련의 13년, 대통령을 꿈꾸다

랐기 때문이에요. 지금도 브라질 사람들은 "내 월급은 최저임금의 10배야"와 같이 얘기하는데 기준점을 조작한 것은 매우 심각한 일이었어요.

룰라는 재빨리 움직였어요. 권위 있는 경제 기관에 위탁해 과거 3년간 인플레이션 조작 수치를 알아봤어요. 그 결과 무려 3년간 최저임금이 34.1%나 깎였다는 결론을 얻었습니다.

살기 힘들어진 노동자들은 집단으로 움직이기 시작했어요. 각 사업장에서 작은 규모의 파업이 잇따라 발생했죠. 4만 명의 노동자들이 수치 조작으로 받지 못했던 임금을 돌려달라는 서명을 했고요. 사업장마다 노동자들이 모여 활발한 토론회와 집회를 열었어요. 13개 노조가 임금투쟁 캠페인을 시작했어요.

룰라는 처음에는 매우 신중하고 조심스럽게 행동했어요. 평화로운 협상만이 가장 좋은 방안임을 알고 있었기 때문이죠. 하지만 전국 노동자들의 요구가 전례 없이 거세지자 룰라도 팔을 걷어붙이고 나서게 됐어요.

결국 1978년 5월 1일 노동절을 맞이하여 룰라의 사웅베르나르두두깡뿌 이 지아데마 금속노조는 대규모 시위를 계획했어요. 하지만 군사정부는 집회를 금지했고, 노조는 결국 소규모 집회를 여는 것으로 만족해야 했답니다.

하지만 한번 시작된 불길을 잡을 수는 없었어요. 노동절이 지난 11일 뒤 대형 트럭 생산 회사인 스카니아 자동차 회사에서 노동

집회와 시위는 합법적인가요?

1960년 부정선거의 부당함을 규탄한 4·19혁명부터 2008년 미국산 소고기 수입을 저지하는 촛불 집회까지 민주주의의 도약 앞에는 항상 국민의 집회와 시위가 있었어요. 흔히 집회나 시위하면 무조건 나쁜 것이라는 선입견을 갖기가 쉬워요. 하지만 집회와 시위의 자유는 헌법으로도 규정된 가장 중요한 기본권이랍니다.

국민은 집회나 시위를 통해서 부당한 법률이나 규제에 대해 동의하지 않는다는 자신의 의견을 표현하는 거죠. 대신 집회나 시위에서는 무기나 폭력적인 도구를 사용해서는 안 돼요. 폭력 시위라는 구체적인 증거가 있을 때, 시위는 금지됩니다.

거리에서 집회나 시위를 하려면 경찰서에 48시간 전에 신고해야 하는데요. 그 이유는 경찰이 시위 예정지의 도로 통행을 제한하거나 폭력 시위자를 차단하기 위해서예요. 하지만 혼자 띠를 두르거나 팻말을 들고 하는 1인 시위는 신고하지 않아도 됩니다.

자들이 파업을 행동으로 옮겼던 거예요.

룰라는 기뻐해야 할지 두려워해야 할지 잘 몰랐어요. 노조위원장인 자신조차 지금껏 한 번도 파업이라는 상황을 경험한 적이 없었기 때문이에요. 노조가 우왕좌왕하는 사이 파업의 불길은 다른 공장까지 전해졌고, 며칠 뒤엔 거의 모든 금속노조 산하의 노조가 파업에 동참하게 되었어요.

"노조원들이 파업의 맛을 알기 시작했죠. 정말 놀라운 일이었습니다. 한 공장이 파업에 들어가니까 다른 공장도 파업에 들어가고, 이어 또 다른 공장이 파업에 동참했죠. 마치 거대한 불길이 전 지역으로 번지는 것과 같았어요. 결국 금속노조 전체가 파업에 들어갔습니다. 마치 열병처럼요."

브라질 역사상 임금 인상이라는 문제를 놓고 그처럼 공장 노동자들이 일치단결한 것은 아마 처음일 거예요. 1978년은 브라질 노동운동에서 가장 기억에 남는 해가 되었어요.

그런 상황에서 노조위원장을 맡았던 룰라는 자연스럽게 노동자들의 대부로 떠올랐습니다. 각 사업장의 파업을 연결하고 정부, 사업주와 협상하는 주체가 된 것이죠.

룰라는 평화로운 시위 원칙을 끝까지 지켜 내면서 '투쟁 아닌 협상'으로 임금 인상을 이뤘어요. 협상 결과에 만족하지 못한 노조원들과는 대화하여 설득하는 방법을 택했어요. 파업을 주도하

파업은 왜 하는 걸까요?

파업은 노동자가 합법적으로 취할 수 있는 가장 적극적인 행위예요. 노동자들이 원하는 것을 얻어 내기 위한 협상 무기라고 볼 수 있죠. 노동자들은 집단적으로 생산 활동이나 업무를 중단하는 행동으로 회사에 임금 인상이나 노동 시간 단축 등 작업 환경 개선 등을 요구하지요.

철도노조 파업으로 인해 지하철 운행이 중단됐다거나 의료 파업으로 진료를 받을 수 없다는 등의 뉴스를 접한 적이 있을 거예요. 이렇게 여러 지역 또는 전국의 노동자들이 동시에 파업에 참여하는 '총파업'의 경우, 시민에게 직접적인 피해를 주거나 관련 산업에 타격을 입히기도 합니다.

브라질에서의 파업은?

대다수 국가와 마찬가지로 브라질에서도 파업은 노동자들이 갖는 합법적인 권리 가운데 하나예요. 브라질에서는 1978년이후 파업이 많이 일어났는데요. 특히 군사정권(1964~1985) 말기로 접어들던 시기에 민주화운동을 주도하던 노조들이 파업을 주요 투쟁 수단으로 사용했어요. 하지만 주로 고인플레이션에 따른 임금 문제와 노동조건 문제가 핵심이었습니다. 군사정권에서 민주정권으로 넘어 오던 시기에는 한 해에 만여 건의 파업이 일어나기도 했지요. 하지만 룰라 정부의 경우, 각 분야의 노조 고위인사들을 정부의 요직에 임명함으로써 이들의 요구 사항을 정책에 반영했기 때문에 자연히 파업이 줄어들었습니다.

면서 노조원과 사용자 양측이 만족할 만한 해법을 내놓기까지는 룰라의 엄청난 노력이 필요했답니다.

전단을 삽화로 바꾸다

룰라는 특히 노조원들과의 대화에 신경을 많이 썼어요. 타협을 싫어하는 강경한 사람들을 설득하려면 발이 닳고, 입이 마르도록 많은 사람을 만나야 했지요.

룰라는 만남의 장소로 딱딱한 노조 회의실이 아닌 노조 인근에 있는 한 선술집을 선택했어요. 그 선술집은 북동부에서 이주해 온 중년 여성이 운영하던 곳으로 노조원들은 주인을 '호자rosa 이모'라고 부르며 따랐어요. 집처럼 편안하게 느낄만한 곳에서 마음을 터놓고 얘기를 나누자고 생각했기 때문이에요.

대개 회의실에서 사용하는 용어는 지식인들이 많이 쓰는 격식 있는 표현들이지만, 못 배운 노조원들이 주눅 들지 않고 자기 생각을 표현하는 데는 선술집만 한 곳이 없다고 룰라는 생각했어요.

사실 리더의 고민은 바로 여기에 있답니다. 여러 사람의 생각을 빠짐없이 듣고, 한 가지 결정을 내린 뒤 생각이 다른 사람들을 하나하나 설득하는 것. 이것은 쉬운 일처럼 보이지만, 어느 정도의 지위를 가진 사람들은 '내 생각이 맞아. 이렇게 가야 해.'라고 고집을 부리기 때문에 통일된 결론을 내리기가 어려워요.

다른 사람들의 생각을 듣는다는 것은 사실 큰 인내심이 필요한 일이기도 해요. 대부분의 실패한 지도자들은 자기 생각만을 강요하죠. 그것도 딱딱한 회의실에서 격식을 차린 뒤, 그 분위기에 눌려 아무도 반대 의견을 내놓지 못하도록 만들면서요.

룰라는 어떻게 해야 가장 좋은 결정을 내릴 수 있을지, 사람들이 어떤 자리에서 자신의 속내를 털어놓고 이야기하는지 그 점을 예리하게 간파한 거예요. 이런 룰라의 태도는 노조원들을 자기편으로 만들고 룰라에 대한 믿음 또한 더욱더 커지게 만들었어요.

파업은 너무나도 많은 갈등을 가져와요. 이제 그만 멈추자는 쪽과 협상 내용이 만족스럽지 않으니 계속해야 한다는 쪽이 나오게 마련이고요. 사업주와 경찰의 압박도 매우 커요. 정신적으로 피를 말리는 것이 파업의 여정이죠.

하지만 룰라는 그 과정을 슬기롭게 이끌고 평화적으로 주도했습니다. 매일 아침, 점심, 저녁으로 시간이 날 때마다 집회를 열어 지도부의 방침과 그간의 협상 과정을 공개했어요.

또 하나, 룰라는 전단의 중요성을 알고 있었어요. 당시 대개의 전단은 글씨만 빼곡히 쓰여 있거나, 무슨 말인지 알 수 없는 논설, 혹은 구호로 가득 차 있었어요.

"전단? 누가 읽어? 내가 보니까 받고서는 몇 발자국 가서 다 버리던 걸! 삽화도 넣고, 길게 쓰지 말고 제목 위주로 만들자."

룰라는 노조원들이 글을 읽기 싫어한다는 사실을 알고 있었어요. 전단을 나눠 주면 얼마되지 않아 쓰레기통에 버린다는 것을 안 이후로는 전단을 읽기 쉽게 만드는 데 힘썼습니다.

시간에 쫓기는 노조원들, 그리고 아직 글을 읽지 못하는 노조원들까지도 노조의 생각과 활동을 쉽게 이해할 수 있도록 가급적 삽화를 많이 넣은 소식지를 만들었어요. 그리하여 금속노조원들에게는 전설적인 영웅으로 기억되는 '주엉 페하도르'라는 만화의 주인공이 탄생하게 되었습니다.

배신자로 불리다

1978년, 브라질은 새로운 군인 대통령의 취임을 앞두고 있었습니다. 1960년대부터 계속되어 온 군사독재의 세 번째 대통령이자 마지막 대통령이었어요.

군사정권은 여러모로 브라질 국민들의 삶의 질을 떨어뜨렸어요. 민주주의는 후퇴했고 인플레이션은 지속적으로 상승했죠. 이런 와중에 새로운 군인 대통령이 들어섰기 때문에 룰라는 취임식 날 대규모 파업을 계획합니다.

우선 룰라와 노조 임원진들은 사웅베르나르두두깡뿌에서 가장 큰 공간인 빌라 에우끌리지스 축구 경기장에서 노조 총회를 열기로 결정했어요. 총회 며칠 전 그 경기장에서 과라니 팀과 꼬링찌앙스 팀의 경기가 열렸어요. 노조 동료들과 축구 경기를 보러 왔던 룰라가 농담처럼 이렇게 말했어요.

"와우, 이 정도로 많은 관중을 모아 놓고 총회를 연다면 거의 나라가 뒤집힐 수준이겠군."

축구장을 가득 메운 관중들을 보면서 룰라는 노조 총회를 떠올렸어요. '축구 열기만큼 총회 열기가 뜨겁다면 얼마나 좋을까' 하고 말예요.

드디어 노조 총회가 열리는 날이에요. 룰라는 자신의 눈을 믿을 수가 없었어요. 축구 경기장으로 노조원들이 꼬리에 꼬리를 물고 입장하는 것이었어요.

진풍경이었죠. 노조 간부들은 물론 노조원들도 생전 처음 보는 열기였어요. 예상 인원의 5배가 참석해서 모든 일을 임시방편으로 처리해야 했어요. 작은 스피커가 딸린 마이크로는 도저히 군중들에게 연설할 수가 없었어요.

룰라는 운동장 한가운데에 탁자 4개를 모아 연단을 만들도록 했어요. 고성능 마이크 대신 룰라가 큰 소리로 한 마디를 하면 주변 사람들이 뒤쪽 사람들에게 그 소리를 이어받아 전달하는 방법밖에는 없었어요. 파도타기 연설이었죠.

"노동자 동지 여러분!"

"노동자 동지 여러분!"

문제는 이때부터였어요. 노동자들의 위세와 단결된 힘을 직접 눈으로 본 노조원들은 노조에 매우 큰 기대를 걸기 시작했어요.

하지만 룰라는 이미 임금 인상 문제를 놓고 시위 이전부터 기업주들과 협상을 진행하고 있었고, 총회 직전에 가까스로 몇 가지 협상안에 합의를 본 상태였어요. 최저임금을 받던 노조원들은 63%, 고임금을 받던 노조원들은 44% 임금을 인상하기로 기업가 연맹과 합의한 것이죠.

룰라는 이 협상안을 총회 자리에서 보고하고 승인을 얻으려고 했습니다. 하지만 이미 자신들의 단결된 힘을 확인하고, 힘을 합치면 무엇이든지 할 수 있겠다고 생각한 노조원들은 파업을 하자고 외쳤어요.

가까스로 만든 협상안이 불발될 위기였어요. 룰라는 다수의 노조원들의 기세에 눌려 그만 파업을 선언하고 맙니다.

"금속노조는 파업을 결의했습니다!"

"끝까지 단결합시다!"

하지만 정부는 협상안을 근거로 파업은 불법이라고 못 박았고, 노조원들은 그들대로 파업이라는 강경책을 밀어붙였습니다. 노조원의 입장을 대변해야 하는 룰라 역시 "필요하다면 우리는 목숨도 내놓을 것이다"며 파업을 이끌었어요.

룰라는 합법적인 운동을 선호했어요. 목적이 아무리 순수해도 방법이 잘못된 것이라면 따르면 안 된다는 것이 평소 그의 소신이었죠.

결국 룰라는 다른 노조지도자들과 더불어 기업가들과 다시 협

금속노조 파업에서 연설 중인 룰라 노조위원장 (상파울루, 1979)

상을 벌였습니다. 이 협상 결과를 들고 총회를 다시 열었고, 드디어 과반수 찬성으로 임금 인상안이 통과되었습니다. 15만 명의 금속노조원들은 파업을 중단하고 업무에 복귀했어요.

하지만 상당수의 노동자는 여전히 룰라의 협상 결과에 만족하지 못한 채 파업을 계속해야 한다고 주장했어요.

"룰라, 겨우 이 정도를 얻어 내려고 우리가 파업한 줄 아시오? 당신을 믿었는데 고작 이것뿐이요?"

노조원 몇몇은 룰라가 지나갈 때면 큰 소리로 '배신자'라고 외치기도 했어요. 룰라는 노조원들로부터 '배신자'라는 말을 들을 때마다 너무나 괴로웠어요.

룰라는 시간의 힘을 믿기로 했어요. 같이 공격했다가는 오히려 자신의 진실마저 왜곡될 수 있겠다고 판단하고 조용히 기다렸지요. 하지만 상황은 나아지지 않았어요. 룰라의 반대파들은 룰라에 대한 악선전을 계속했고 '어용노조위원장'이라는 말까지 만들어 룰라를 공격했어요.

룰라는 결국 정면 돌파를 선택했어요. 더는 자신을 노조의 대표가 아닌 '배신자'로 보는 행위에 대하여 참을 수 없었고, 그 고통도 너무나 컸기에 이 상황을 해결하지 않고는 아무 일도 할 수 없다는 결론에 이른 것이죠.

"저와 간부들은 솔직하고 정정당당해지고 싶습니다. 만일 저희를 '배신자'로 생각하신다면 물러나겠습니다. 새 지도부 선거를 공식 요청합니다."

　선거 결과는 정반대로 나타났습니다. 만장일치로 룰라와 간부들의 재신임이 결정된 거예요. 룰라와 간부들은 모두 눈물을 흘렸어요. 자신들의 노력과 진심이 전혀 헛되지 않았음을 알게 되었기 때문이었죠.

　재신임을 통해 룰라와 노조지도부는 큰 힘을 얻게 되었어요. 이듬해인 1980년, 룰라가 이끄는 노조는 이미 파업과 협상에 대한 많은 경험을 축적하고 있었기에 41일 동안이나 총파업을 했어요.

　이번에는 누구도 그를 배신자라고 부르지 않았답니다. 하지만 결과는 만족스럽지 못했어요. 이미 예상된 일이었지만 파업에 동참하던 노동자들이 지쳐 투쟁 대열에서 이탈하기 시작했고, 그 결과 자신들이 원하던 임금 인상을 얻어 내지도 못했어요. 다시 한번 룰라에게 시련이 닥친 것입니다.

시련과
극복

"지금 도망치면 다음에 또 중요한 순간이 올 때
도망치게 될 거야. 지금은 이 파업을
성공적으로 마치는 게 가장 중요해."

룰라

총파업을 주도한 혐의로 룰라는 위원장 직위를 빼앗겼어요. 경찰의 감시와
협박을 피해 도망갈 수도 있었지만 룰라는 정면 돌파를 택했고, 결국은 구속
되었습니다. 감옥에 갇힌 룰라를 더욱 힘들게 한 건 아들의 길을 항상 믿고
기도해 준 어머니의 죽음이었습니다. 경찰의 감시 하에 어머니의 장례식을
치른 룰라는 노동운동만으로는 세상을 바꿀 수 없음을 깨닫게 됩니다.

룰라, 구속되다

총파업을 주도했다는 이유로 룰라는 위원장 직위를 박탈당했어요. 노조 사무실도 강제로 폐쇄되었죠. 룰라는 노조 사무실 대신 자신의 집을 사무실로 써야 했어요. 간부들이 모일 때는 자신의 집을, 수백 명이 집회해야 할 때는 사웅베르나르두두깡뿌 교회 본당을 이용했어요.

경찰은 룰라가 노조위원장 직위를 박탈당한 상태에서도 노조 활동을 한다는 명목으로 룰라를 구속하기로 했어요. 꼬투리를 잡기 위해 룰라의 집을 감시하기도 했죠.

처음 몇 주 동안 비밀경찰은 룰라의 집 앞에 있는 언덕 위에서 망원경으로 룰라의 움직임과 노조원들의 출입을 하나하나 살폈어요. 그리고 아예 룰라의 집에서 2~3분 거리에 차를 세워 두고 비밀경찰들이 보초를 서는 것처럼 네다섯 명이 돌아가며 룰라의 집을 밤낮으로 감시했죠. 룰라나 마리자가 집을 나서면 어김없이 미행했어요. 마리자는 혹시 무슨 일이 생길까 봐 아이들이 학교에 갈 때도 함께 갔어요. 금세라도 불행한 일이 터질 것 같은 불안한 하루가 계속되었어요.

"룰라, 상황이 좋아질 때까지 외국에 나갔다가 와."

"아니, 고맙지만 그럴 수는 없네. 지금 도망치면 다음에 또 중요한 순간이 올 때 도망치게 될 거야. 지금은 이 파업을 성공적으로 마치는 게 가장 중요해."

룰라는 상황을 피하지도, 활동을 중단하지도 않았어요. 형 프레이가 구속되었을 때와 마찬가지로 룰라는 정면으로 부딪쳐 해결하려 했어요.

때는 군사정권 말기였기 때문에 자신들 세력이 지지를 받지 못한다는 것을 직감으로 안 정부는 물불을 가리지 않고 노동운동과 민주화운동을 막으려 했어요. 그래서 자칫 생명이 위험할 수도 있는 상황이었지만, 룰라는 그럴수록 단호했어요.

부인 마리자는 하루하루가 불안했어요. 한차례 남편을 잃은 경험이 있기 때문에 더더욱 룰라를 잃을까 봐 노심초사했죠.

'룰라가 잡혀간 건 아닐까?'

'다시 남편을 잃게 되면 어떡하지?'

사실 군사정권 치하에서 혹독한 고문을 받고 살아남는 것 자체가 기적으로 인식되던 시절이었으니 마리자의 걱정은 클 수밖에 없었습니다. 만약 룰라에게 무슨 일이라도 생기는 날에는 어린 자식들을 혼자 어떻게 돌보며 살아가야 할지 그저 막막했어요.

1980년 어느 날 새벽이었어요. 룰라와 마리자, 가족들이 곤히 자고 있을 때였죠.

쾅쾅쾅! 새벽의 정적을 깨는 요란한 소리가 들렸어요.

"루이스 이나시우! 당장 문을 여시오! 구속 영장이오!"

올 것이 왔어요. 마리자는 공포에 질려 꼼짝도 할 수 없었어요.

창밖으로는 수많은 경찰이 진을 치고 있었어요.

하지만 룰라는 태연히 잠에서 깨어나 침대에 걸터앉더니 마리자에게 커피 한 잔을 달라고 했어요. 천천히 커피를 다 마시고, 옷을 입고 현관으로 천천히 걸어 나갔어요.

"아이들을 안심시켜요. 별일 없을 거요."

당장에라도 경찰이 들어와 문을 부수고, 총을 쏘아 댈 것 같은 분위기에서 룰라는 아내 마리자에게 몇 가지를 당부하고, 이마에 키스하면서 침착하게 행동했어요. 이미 마음의 준비를 하고 있던 룰라는 한 번은 이런 상황에 부딪힐 수밖에 없다는 것을 잘 알고 있었던 거예요.

남편이 구속된 상황에서 부인 마리자도 팔짱만 끼고 있을 수 없었어요. 남편의 석방을 위해 여기저기 탄원서를 내고, 노조대회에서 연설하기도 했어요.

"룰라를 석방하라!"

"노조위원장을 돌려달라!"

4월 20일 마리자와 노조원 7,000여 명은 군부의 탄압에 맞서 룰라와 다른 반체제 인사 석방을 요구하는 집회를 열었어요. 군과 경찰의 헬리콥터가 집회장 상공을 낮게 날면서 사람들을 위협하기도 했지만, 다행히 집회는 평화롭게 끝이 났습니다.

어머니의 죽음

그 무렵 룰라의 어머니 린두 여사는 자궁에 이상이 생겨 앓고 있었어요. 험난한 삶을 온몸으로 헤쳐 온 그녀였기에 자신의 아픔 쯤은 아무에게도 알리지 않은 것이 병을 키웠고, 룰라가 구속됐을 때는 이미 치료할 수 없는 상태였어요. 자궁암이었어요.

룰라의 여동생 찌아나와 누나인 마리네찌, 그리고 며느리인 마리자 등 모든 가족이 헌신적으로 린두 여사를 돌봤어요.

"어머니, 룰라 오빠의 기사가 잡지에 났어요."

가족들은 입원한 린두 여사에게 룰라에 대한 기사를 읽어 주곤 했어요.

"룰라는 강해. 이깟 어려움은 얼마든지 이겨낼 수 있어."

린두 여사는 노동운동이 위험하다는 것을 알고 있었지만, 그만 두라는 말은 한 번도 한 적이 없었어요. 룰라가 선택한 길이 옳을 것이라고 믿었고, 아들을 위해 할 수 있는 건 조용히 기도하는 것 밖엔 없다고 생각했어요.

돌이켜보면 힘들었지만, 후회 없는 삶이었어요. 아들들은 부랑 자로 떠돌지 않고 저마다의 기술을 갖고 일하면서 가정을 꾸렸고, 딸들 역시 매음굴로 팔려가지 않고 온전한 결혼생활을 하고 있었 으니까요. 소박한 그녀의 꿈을 다 이룬 셈이죠.

'이만하면 됐어. 찢어지게 가난했지만, 자식들은 희망을 품고

살고 있잖아.'

병실에 누워 창밖을 보면서 그녀는 말기 암환자라는 사실에도 불구하고 마음의 평화를 유지할 수 있었어요.

다행히 룰라는 입원한 린두 여사를 면회할 기회를 얻었어요. 가톨릭 교회 사제들이 정부에 탄원했던 거예요. 브라질에는 가톨릭 신자가 64%(2013년 기준) 이상이기 때문에 추기경이나 신부들의 영향력이 매우 컸어요. 가톨릭 사제단은 이미 룰라를 금속노조위원장이 아니라 많은 국민의 지지를 받고 있는 존재로 인식하고 있었어요.

"어머니, 저예요. 룰라예요. 괜찮아질 테니 걱정하지 마세요."

룰라는 가슴이 미어졌어요. 하염없이 눈물이 흘렀어요. 평생 남편과 자식들 뒷바라지로 하루도 편할 날이 없었던 어머니. 척박한 북동부에서 가뭄과 가난에 시달렸던 어머니. 언제나 긍정적으로 세상을 보고, 자식들을 격려했던 어머니. 이제 살만하다 싶으니 모진 병을 얻어 고통 속에 신음하는 어머니….

룰라는 다시 감옥으로 돌아가 단식 농성을 이어 갔어요. 하지만 가슴은 암으로 고통받는 어머니의 마지막 모습 때문에 미어졌어요.

린두 여사는 룰라가 병원에 다녀간 이튿날 세상을 떠났어요. 물 한 잔을 부탁해 마신 다음 옆으로 돌아누워 깊은숨을 몰아쉰 뒤 영면에 들었죠.

린두 여사의 장례식 날, 룰라는 경찰의 경비를 받으며 장례식에 참여할 수 있었어요. 정부는 룰라를 체제를 전복시키려는 노조지

어머니의 장례식에서 오열하는 룰라

"룰라 어머니가 돌아가시던 날, 파업을 선동한 혐의로 룰라는 교도소에 수감되어 있었다. 그러나 어머니 장례식만큼은 올 수 있도록 허락해 줬다. 룰라가 감옥 안에서 단식 시위를 했던 것이다. 룰라는 어머니가 돌아가셨다는 죽음 소식을 들은 다음부터는 아무것도 먹지 않았다. 장례식장에는 긴 턱수염에 얼굴이 누렇게 뜬 룰라 옆에 경찰 두 명이 붙어 있었다. 그리고 룰라는 빈혈로 몸을 흔들흔들하면서 힘겹게 서 있었다."

– 룰라 자서전 「다른 세계는 가능하다」 '랑바리와의 인터뷰' 중에서

도자로 구속했지만, 장례식에 참석할 수 있도록 배려하지 않을 수는 없었어요. 그만큼 룰라는 전국적으로 비중 있는 인물이 되어 있었습니다.

룰라는 비록 어머니의 임종은 보지 못했지만, 장례식에 참석해서 어머니께 꽃을 바칠 수 있었어요. 린두 여사의 무덤은 룰라의 동료들이 바친 수천 개의 꽃으로 뒤덮였답니다.

파업과 구속의 교훈

1980년 5월 20일, 룰라는 마침내 석방되었어요. 구속된 지 한 달여 만의 일이었어요. 당시 군사정권은 룰라를 풀어 줘 경제 위기와 억압 정치에 대한 국민의 분노를 가라앉히려고 했어요.

룰라가 석방되던 날, 수많은 사람이 마중 나와 룰라를 환영했어요. 혹독한 군사정권 아래에서 자신을 돌보지 않고 총파업을 주도하며 대항했던 룰라의 모습은 많은 사람에게 감동을 줬어요.

감옥에 있는 동안 룰라는 많은 생각을 했답니다. 그리 긴 시간은 아니었지만 지나간 세월을 돌이켜보고 또 앞날을 계획하기에는 충분했어요.

룰라는 우선 금속노조위원장이 된 후 자신이 주도한 파업과 집회를 떠올려 봤어요.

'노동운동만으로는 세상을 바꿀 수 없어.'

'노동운동만으로는 노동자의 권익과 임금을 100% 보장받을 수 없어. 그럼 뭘 어떻게 해야 하지?'

가령 기업주와 협상이 잘 되어 임금을 100% 인상했다고 해도 인플레이션이 심해서 물가가 120% 오른다면 오른 임금이 아무런 소용이 없다는 것을 그간 수없이 경험했기 때문이었어요. 노조운동은 경제정책을 바꿀 수 있어야 하는데 그렇게 하기 위해서는 법이 바뀌거나 정부가 바뀌어야 하죠. 결국 정치가 바뀌어야 노동자의 생활도 바뀌는 거였어요.

단순히 임금이 몇 퍼센트 오르는 것이 아니라 더 근본적인 변화가 필요했던 거죠. 룰라는 자신이 반드시 이뤄야 할 근본적인 변화를 하나씩 손꼽아 보았어요.

주당 40시간 근무제, 파업권, 자유로운 단체 협상권이 시급하게 떠올랐어요. 군부가 만든 노동법과 언론법을 폐지하는 것 또한 미룰 수 없는 숙제였죠.

이러한 문제는 법을 바꾸는 것으로 해결해야 했어요. 노동자의 권리를 주장하고 법으로 만들 정당이 필요했어요. 룰라의 비폭력 파업이 가톨릭의 든든한 지지를 받고 있었서 주변 여건은 유리한 편이었어요. 1980년 당시 구속된 지식인, 대학생들이 상당수 풀려났기 때문에 그들과 함께 일할 단체가 필요하기도 했어요.

룰라 자신도 어느새 정치 활동에 걸맞게 변해 있었어요. 10년여

간 노동운동을 하면서 부끄럼을 잘 타는 소심한 성격에서 많은 사
람을 만나 설득하고 연설하는 것이 몸에 배었던 거예요. 조금 더
체계적인 활동을 해도 좋을 만큼 그는 충분히 성숙한 지도자가 되
어 있었습니다.

노동자당을 창당하다

룰라가 노동자당 창당을 결심한 데는 다른 이유도 있었어요.
1978년 9월에 룰라는 수도 브라질리아로 가서 야당 의원들을 만
나 노조의 파업을 지지하고, 자신들의 요구를 법제화해 줄 것을
요구했어요. 하지만 단 2명의 야당 의원만이 지지를 보냈을 뿐 대
다수의 의원은 외면했어요. 룰라는 이때 자신들의 권리를 대변할
정당이 필요하다는 것을 절감했습니다.

때마침 군부가 양당제를 다당제로 바꾸었고, 노동자당이 만들어
지기 쉬운 분위기가 조성됐어요. 군부는 다당제를 할 경우, 야권이
분열해 자신들이 계속 집권할 수 있을 거라고 계산했던 거예요.

안팎의 상황에 힘입어 1980년 4월 룰라가 이끄는 노동자당이
만들어지게 되었어요. 룰라는 정당과 노조는 분명히 다르다는 것
을 강조했어요. 노조는 가입된 노동자들의 권익을 위해서 일하는
것이고 정당은 노동자뿐만 아니라 소외 계층, 일반 서민의 권익을
아울러야 한다고 말이죠.

정당이란?

정당은 공공의 이익을 위해 정치적인 견해가 비슷한 사람들이 자발적으로 조직한 단체를 말해요. 민주주의 국가에선 정당이 꼭 필요해요. 현대의 민주주의는 대의민주주의예요. 대의민주주의에서는 국민의 의견을 모아 국회나 정부에 전달하고 대통령이나 국회의원 등 각종 선거에 후보자를 추천해야 하는데 이런 역할을 정당에서 하고 있지요. 우리나라에서는 법에서 정한 조건을 갖춘다면 누구나 정당을 만들 수 있는데요. 이것을 '복수정당제'라고 해요.

정당이 많을수록 당원들은 자기 당에서 좀 더 많은 의원을 배출하고 의견을 반영하려고 경쟁하게 되는데요. 그 속에서 좀 더 민주적이고 자유로운 우리나라와는 달리 정당이 하나밖에 없는 국가도 있어요. 대다수의 독재 국가는 정당 하나만을 인정하고 타 정당에서 선거에 참여하거나 공직에 입후보하는 것을 거부합니다. 이런 나라를 '일당제 국가'라고 불러요.

여당 vs. 야당

정당의 큰 목적은 선거에서 당선자를 많이 내 정치를 주도하는 데 있어요. 선거에서 이긴 정당을 여당, 정권을 잡지 못한 당을 야당이라고 하는데요. 여당은 집행부를 구성하는 당이므로 국민과 야당의 의견을 수렴해 정책을 만들어야 합니다. 그리고 선거 결과에 따라 언제든 정권을 내줄 수 있는 만큼, 다음에도 정권을 잡으려면 정치 능력을 발휘해야 한답니다.

야당은 정부와 여당의 정책을 감시하고 비판하는 역할을 담당해요. 물론 언제라도 정권을 인수하고 행정부를 맡을 수 있도록 인재를 선발하고 정책을 개발하는 것도 야당의 일이랍니다.

개인이 정당 활동을 하려면 돈이 많이 들까요?

국가는 제도적으로 정당 활동을 지원할 의무가 있어요. 사적인 정치 자금이 많아지면 특정 개인이나 기업이 이권에 개입할 수 있고, 모금한 정치 자금만으로는 정당 운영 자금이 부족하기 때문이에요. 그래서 정당은 정치자금법으로 보장된 국가 기금을 받을 수 있습니다. 우리나라에서는 지급 당시 국회의석이 많은 순서대로 총 4개 정당에 보조금을 지원하고 있는데요. 국회의원 선거에 참여한 유권자 총수에 800원을 곱한 금액을 매년 계산한 뒤, 이를 총 4분기로 나누어 각 정당에 지급한답니다. 따라서 국회의원 선거에서 득표율이 높은 당이 다른 당보다 좀 더 많은 보조금을 받을 수 있습니다.

브라질에는 정당이 몇 개 있나요?

현재 브라질에는 총 32개의 정당이 있습니다. 이들은 총선에서 전국 9개 주이상의 지역에서 전체 유권자의 표 5%를 얻어야만 정식 정당으로 등록할 수 있어요. 그러다 보니 매년 많은 군소정당이 탄생하여 서로 합치는 경우가 허다하고, 이로 인하여 어떤 정치적 신념이나 이념보다는 정치적 출세를 위해 움직이는 일명 '철새정치가'이 많다는 특징이 있습니다.

주지사직에 도전하다

노동자당이 생긴 2년 뒤, 군사정권의 마지막 대통령이었던 피게이레두 장군은 지방자치제를 수용해서 도지사와 시장 등을 국민들이 직접 뽑도록 만들었어요. 브라질에서 26년 만에 처음으로 주지사, 부지사를 직접 국민들 손으로 뽑게 되는 역사적인 일이었어요. 군부가 총선을 허용한 데는 가톨릭교회와 노동자당을 중심으로 한 국민들의 단결, 연간 100% 가까운 살인적인 인플레이션으로 군부가 설 자리가 없었기 때문이었어요.

룰라는 주변 동료들의 적극적인 권유로 주지사에 출마했어요. 하지만 일반 시민들은 중졸 학력의 노조위원장 출신의 룰라를 지도자감으로 여기지 않았어요. 투쟁 중심의 노조가 권력을 차지하는 것이 지나치게 과격해 보였던 거예요. 결과는 110만 표를 얻어 4위.

룰라 개인의 성적도 좋지 않았지만, 노동자당의 인지도 역시 최하위 수준이었어요. 의회에서 교섭단체를 구성하려면 총 투표수의 5%를 얻고 9개 주에서 3%를 얻어야 하는데 그 벽을 넘지 못했어요.

이 선거에서 룰라는 '바로 당신과 같은 브라질 사람'이라는 구호로 사회 하층민과 도시 노동자층을 파고들었지만, 기대했던 것보다 실망스러운 결과를 얻었습니다.

룰라, 소통의 리더십을 보여 줘

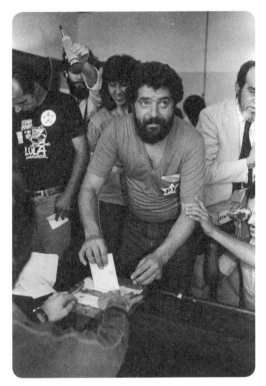

주지사에 출마한 룰라가 투표하는 모습 (1982)

사실 110만 표는 매우 의미 있는 결과이기도 했어요. 우선 '실업 중학교를 졸업한 사람도 주지사 선거에 도전해서 110만 표를 얻을 수 있구나' 하는 미래의 가능성을 보여준 거죠. 경쟁자들은 룰라가 실업 중학교 출신인 점을 부풀려 글도 읽을 줄 모른다고 악선전을 했어요.

하지만 룰라는 TV 토론에서 어느 후보보다 더 예리하게 상파울루가 해결해야 할 문제를 짚어 냈어요. 국민들은 룰라에 대한 편견을 버릴 수 있었어요. 또한, 노조지도자는 노조의 대표일 뿐 정치 지도자는 될 수 없다는 편견도 무너뜨렸어요.

노동자당이 새로 영입한 외부 인사들이 당선되어 노동자당이 단지 과격한 노동자들만의 정당이 아니라는 사실을 보여 준 것 또한 큰 수확이었어요. 예를 들어 수쁠리시 교수와 가톨릭계의 이르마 빠쏘니, TV 스타 베찌 멩지스, 공산주의자 주제 제누이누 네뚜 등이 노동자당으로 출마하여 주지사가 되었으니까요.

이렇게 룰라는 능력 있는 사람을 영입하는 데 편견을 버리고 학계, 종교계, 언론계 등 각계 인사들과 접촉하여 협력하고 노동자당으로 영입했어요. 룰라는 훗날 대통령이 되어서도 각계의 인재들을 가리지 않고 등용했어요.

1982년 선거를 치르면서 룰라는 노조위원장 자리를 메네겔리에게 넘겨주었고, 자신은 노동자당 총재로 당의 힘을 모으는 데 전력을 기울였습니다.

룰라, 소통의 리더십을 보여 줘

하지만 오랫동안 노조위원장을 역임했기 때문에 정치에만 집중한 이 시절을 이렇게 회고하기도 했어요.

"아침에 일어나니 무얼 해야 할지 모르겠더군. 너무 심심해졌어."

브라질 최대 노조인 단일노조(CUT)를 구성하다

1982년 지방선거가 끝난 후, 브라질에 재정 위기가 닥쳐왔어요. 눈덩이처럼 불어난 외채를 갚기 힘들어 브라질 정부는 국제통화기금IMF과 협상을 하지 않을 수 없게 되었어요. 당시 브라질 국민 중 7,100만 명이 영양 결핍 상태였고, 유아 사망 원인의 40%가 영양 결핍이었을 정도로 브라질 국민들의 생활고는 이루 말할 수 없을 정도로 심각했죠.

살기 힘들어진 사람들은 너나 할 것 없이 노조 활동에 뛰어들었습니다. 그만큼 먹고사는 문제가 절박했어요.

노동자당 창당과 더불어 1983년 룰라는 사웅베르나르두두깡뿌에서 자신과 뜻을 같이하는 노조 665개와 247개의 노동조직에서 파견된 5,059명의 대의원이 참가한 가운데 단일노조연맹CUT을 출범시켰어요. 우리나라로 말하자면 한국노동자총연맹과 같은 조직이었죠. 3개월 뒤에는 룰라와 정치적인 노선을 달리하는 사람들끼리 총 노조연맹CGT을 출범시켰지만, 룰라가 주도한 CUT보다는 경험 면에서나 전략 면에서 뒤처져 있었어요.

CUT는 룰라의 민주적인 지도력 아래 1980년대 이후 세력이 크게 불어났고, CGT의 노조들도 차츰 CUT로 들어오게 되었어요. 룰라는 이제 노동절이나 단체협상 시절에는 TV 뉴스에 단골로 등장하는 정치적인 거물이 되어 가고 있었습니다.

민주화운동을 주도하다

선거를 치른 뒤 노동자당도 더욱 조직적이고 체계적인 단체로 탈바꿈했어요. 특히 룰라가 조직한 '113명의 연대'는 이후 노동자당의 핵심으로, 전국 정당으로, 탈바꿈하는 데 결정적인 기여를 하게 됐어요. 또한 군사독재 시절 학생운동을 이끌던 주제 지르세우를 중심으로 당의 전략과 이론을 수립하는 데도 큰 역할을 했습니다. 지르세우는 룰라가 대통령이 된 다음 정무장관직을 맡아 룰라의 약점으로 꼽히던 조직력 구축에 크게 공헌했어요.

룰라의 장점 중에서도 주특기는 여러 문제 중에서 가장 핵심적인 문제를 정확하게 집어내고, 그 문제의 해결을 위해 집중하는 것이었어요. 당 조직을 강화하는 문제, 노동자당의 인지도를 높이는 문제 등등 여러 가지 과제가 쌓여 있었지만, 룰라는 가장 시급하고 근본적인 문제를 파고들었습니다. 하나만 해결하면 도미노처럼 다른 문제도 차례대로 해결될 수 있는 핵심 과제는 바로 군사독재를 끝내는 것과 대통령 직접선거를 하는 것이었어요.

1983년 룰라는 당시 제1야당인 브라질 민주운동당PMDB과 제2야당이었던 민주노동당PDT과 의기투합하여 '대통령직선제를 즉각 실시하라Diretas já!' 운동을 시작했어요.

룰라와 야당 총재들이 중심이 된 민주화운동은 1984년에 접어들면서 절정에 이르렀어요. 그해 전국 주요 도시에서는 주말마다 독재 타도 시위가 전개되었고, 그중 리우데자네이루의 중심가인 깡델라리아 구역에서만 80만 명이, 상파울루의 아냥가바우 구역에서도 140만여 명이 모여 군사독재 종식과 민주화를 외쳤어요. 룰라는 물론 이 시위의 핵심 인사가 되어 군중을 사로잡는 연설로 시위를 이끌었지요.

민주주의로 가는 길은 어느 나라나 험난하답니다. 그토록 뜨거웠던 민주화 열기는 마침내 국회의원들로 하여금 대통령 직접선거를 담은 헌법 수정안을 의회에 제출하게 만들었어요.

하지만 군부도 절대 가만있지는 않았어요. 당시 대통령 피게이레두는 시위를 혼란으로 규정하고 수도와 인근 도시에 비상사태를 선포했죠. 1984년 4월 25일 투표 당일에는 6,000명의 군인들을 시내 곳곳에 배치해 공포 분위기를 조성했어요. TV 방송도 의원들의 투표 상황을 중계할 수 없도록 막았고요.

결국 국회의원 2분의 3의 찬성이 필요한 헌법 수정안은 찬성 298, 반대 65, 기권 3, 투표 불참 112로 아깝게도 부결되고 말았어

시련의 13년, 대통령을 꿈꾸다

요. 많은 의원이 투표장으로 갈 용기를 내지 못했기 때문이죠.

군사정부는 의회 간접선거로 대통령 선거를 치르도록 했고, 그 해 말 야당 연합의 지지를 받은 땅끄레두 네비스가 대통령으로 당선되었어요. 조금 돌아가긴 했지만, 결국 브라질 국민들이 승리한 거였어요. 군정에서 민정으로 정권이 움직였으니까요.

아쉽게도 땅끄레두 네비스는 취임식 직전인 4월 21일 심장마비로 사망했고, 부통령으로 당선되었던 주제 사르네이José Sarney가 헌법에 따라 대통령직에 올랐습니다. 그리고 그해 5월 의회는 이후 대통령을 직접선거로 뽑고, 2,000만여 명의 문맹자들에게 투표권을 부여하고, 모든 정당을 합법화한다는 것을 법으로 제정하여 브라질의 민주주의를 발전시켰습니다.

최다 득표로 연방하원의원으로 선출되다

민간정부 첫해인 1985년 말, 룰라는 브라질 최대 일간지 중 하나인 〈폴랴 지 상파울루〉와 기자회견을 했어요.

"글쎄요, 제 생각에 노동자 계층이 선거라는 수단을 통해 정권을 잡기는 힘들 것 같습니다."

룰라는 노동자 계층만으로는 정권을 잡을 수 없다는 말을 하려 했는데 뜻이 왜곡되어 다음 날 신문에는 '룰라, 정권을 잡기 위해 무력도 불사'라고 쓰였어요.

룰라의 형 프레이가 공산당원이었으니까 룰라도 공산주의자일 거로 의심하던 사람들이 '룰라는 정말 공산주의자가 맞구나!'라고 생각하기에 충분한 기사였어요.

그즈음 노동자당 소속으로 공산주의 노선을 걷던 한 분파가 브라질 은행을 점거한 사건이 벌어졌어요. '과격한 공산주의와 그 주장을 수용하는 노동자당'이라는 혐의가 씌워졌고, 여론은 나빠질 대로 나빠졌어요.

룰라 또한 좌파의 대표로 과격하고 불안한 이미지를 갖게 되었어요. 노동자당이 맞이한 최대 위기였죠. 하지만 룰라는 과감하게 상파울루 의원 선거에 도전했어요. 처음에 불리했던 선거는 TV 토론과 룰라 지지자들의 적극적인 도움으로 반전시킬 수 있었어요. 룰라는 결국 이 선거에서 65만 표를 얻어 브라질 최다 득표 의원이 되었습니다. 노동자당 또한 16명의 연방하원의원을 탄생시켰고요.

정치에 염증을 느끼다

정치에 발을 디뎠지만 룰라는 크게 실망했어요. 그가 노동운동을 하면서 파업을 주도했던 열의와 힘은 바로 대중과 만나 대화하면서 생겨난 것이었어요. 그런데 정작 의회는 기대한 것과는 상당한 거리가 있었어요. 연방의회가 있는 브라질리아에서는 아주 시시콜콜한 일들을 두고 정치가들이나 정당들이 다투기 일쑤였어요.

의원들은 엘리트 의식에 사로잡혀 선반공 출신인 룰라를 끼워주지 않았어요. 일부는 좌파라고 몰아붙이기도 했지요. 하지만 룰라는 크게 신경 쓰지 않았어요. 의회 출석률 95%를 기록하며 매우 열심히 일했어요. 룰라는 특히 개인 재산의 제한, 낙태의 합법화, 고용 보장 및 주 40시간 근무제, 16세 선거권 부여, 이자율 상한선을 12%로 제한, 생산성 있는 비옥한 토지이지만 경작되지 않는 토지의 몰수 등에 찬성표를 던지고, 법안이 의회에서 통과되도록 많은 의원을 설득하는 데 앞장섰어요.

룰라가 찬성표를 던진 법안의 목록을 보면 그가 사회주의자가 아닐까, 하고 생각할 수도 있지만 엄밀하게 말하면 그는 '친서민주의자'였어요. 좌파든 우파든 이념과는 무관하게 행동했죠.

자신을 절대적으로 지지한 가톨릭교회와도 선을 그었어요. 가톨릭교회가 반대해 온 낙태 합법화를 통과시키려고 동분서주했으니까요. 당시 브라질의 가난한 사람들에게 원치 않는 임신은 지고 갈 짐이 두 배가 된다는 뜻이에요. 자신의 지지자들과는 상관없이 룰라는 낙태를 합법화해야 밑바닥 서민들이 더 큰 나락으로 떨어지지 않는다는 것을 알고 있었죠. 이렇게 그는 근본적인 문제에 대해서는 타협하지 않고 자신의 신념대로 밀고 나갔어요.

하지만 다른 많은 문제에 관해서는 자기 입장만을 고집하지 않았어요. 융통성 있게 당의 입장을 수용한 적이 더 많았거든요. 가령 그는 의회주의자였지만 당의 입장에 따라 대통령중심제에 찬성표를 던지기도 했어요. 이 모두가 노동운동을 할 때부터 닦아 온 룰라의 타협 정신이었죠. 룰라는 기업주들과 협상해서 셋을 얻어 내면 나머지 셋은 양보할 줄 알았어요.

현장을 파고들어 직접 문제를 해결해 온 룰라는 처음부터 끝까지 말싸움만 하는 의회 활동을 체질적으로 좋아하지 않았어요.

"연설만으로 뭐 하나 해결할 수 있나? 의원들은 자기 말만 하지 다른 의원들 말은 듣지도 않지. 세비는 꼬박꼬박 타면서 토론회에 얼굴 한 번 안 내미는 의원들이 부지기수이니…."

대중 앞에서 연설하면서 힘을 얻었던 룰라는 의원이 되어 의회 본회의에서 연설할 때 고작 다섯 명만이 그 넓은 의사당 자리를 지키는 것을 보고 의회정치에 실망했다고 해요. 1987년 6월에는 의원직 사퇴까지 고려했으나 주위의 만류로 의원직을 계속 유지했어요.

브라질리아에 머물던 의원 시절, 룰라는 되는 일도 안되는 일도 없는 의원 생활에 즐겁게 적응할 방법을 찾아야만 했답니다. 아침을 조깅으로 시작하며 하루 일정을 미리 점검해 보고, 점심시간에는 비서들과 축구를 하고, 가끔 의사당 헬스클럽에서 땀을 뺐죠. 운동으로 기분을 전환하고 체력도 다졌어요. 덕분에 의원이 되면서 각종 만찬과 술자리로 찐 살을 10킬로그램이나 줄였어요.

자칫 타성에 젖을 수 있는 이 시기를 룰라는 나름의 활기찬 방식으로 이겨냈어요. 그의 인내심과 현실 적응력을 엿볼 수 있는 대목이에요.

세 번의
대통령 후보

"우리는 날마다 두 개의 미덕을 발휘해야 할 것이다.
즉, 끈기와 강인성이다."

룰라

대통령 선거에 출마한 룰라는 서민이 잘사는 나라를 만들고 싶었어요. 누구보다 곤궁한 어린 시절을 보냈기 때문에 가난의 설움을 잘 알았거든요. 그래서 공약도 서민들이 환영할 만한 정책을 내걸었어요. 하지만 룰라의 급진적인 공약은 어마어마한 반발에 부딪혔고, 선거는 결국 실패로 돌아갔어요. 하지만 룰라는 포기하지 않았어요.

대망의 대통령직에 도전하다

1987년 12월, 노동자당은 전당대회를 열어 룰라를 1989년 대선 후보로 추대했어요. 노동자 출신이 대통령이 되고, 그 정당이 권력을 행사하는 전무후무한 일에 도전하기로 한 것이죠.

룰라는 대선 후보가 되자마자 여러 진보 정당과 연합했어요. 서로 생각이 다른 정당을 하나로 묶으려면 그만큼 통 큰 양보가 필요했지만, 룰라는 '지는 것이 이기는 것'이라는 생각으로 많은 정당을 설득했답니다. 이로써 '무장 투쟁을 선동하는 공산주의자'라는 언론의 흑색선전은 설 자리가 없게 되었죠. 협상 과정에서 싸움과 충돌 대신 '대화와 협상'으로 하나씩 좋은 결과를 얻어 가는 것을 국민들은 똑똑히 지켜볼 수 있었어요.

대선 후보가 된 직후 룰라는 세계 각국의 상황을 파악하고 싶어

여기서 잠깐

브라질의 대통령 선거는?

1988년 헌법에 의하면 브라질의 대통령은 국민들의 직접 투표로 선출되고 있는데요. 선거일은 현직 대통령의 임기가 끝나기 90일 전으로 정해져 있었지만, 지금은 10월 첫 번째 일요일로 바뀌었어요. 이때 과반수를 얻은 후보가 나오지 않을 때는 2차 경선을 치르게 되는데, 그 날짜도 10월 세 번째 일요일로 정해져 있습니다. 대통령 취임 날짜는 이듬해 1월 1일이고, 대통령 임기는 4년입니다. 참고로, 브라질에서 대통령 후보로 나서려면 귀화인이 아닌 브라질 태생으로 선거 당일 만 35세가 되어야 합니다.

서 해외 여행길에 올랐어요. 선진국에서는 성장과 복지의 모델을 찾으려 했고, 브라질과 상황이 비슷한 나라들과는 관계를 더 돈독히 하기 위해 많은 나라를 방문했죠.

유럽과 라틴아메리카에서는 주로 사회민주당 인사들을 만나 가난한 브라질을 구할 정책을 발견하는 데 주력했어요. 쿠바에서는 카스트로를 만났어요. 당시 전 세계를 호령하는 강대국 미국에 당당히 맞선 쿠바와는 동맹을 돈독히 했어요. 피노체트 독재에서 막 벗어나 브라질처럼 민간 통치가 시작된 칠레도 방문지에 포함되었어요.

"나는 브라질에 적용할 만한 정책이라면 무엇이든 스펀지처럼 빨아들일 자세가 되어 있다."

룰라가 대선 후보로 나선 1987년은 그야말로 악성인플레이션 hyperinflation 시대였어요. 하루가 다르게 물가가 무섭게 뛰었죠. 대형 슈퍼마켓에 가면 똑같은 물건인데도 진열대 앞쪽과 뒤쪽의 가격이 다를 정도였으니까요. 직원이 매일 가격표를 새로 붙여야 했는데 자잘한 물건들은 가격표를 바꿔 달 여유가 없을 정도였어요.

고물가에 서민과 노동자들의 삶은 더욱 황폐해져 갔습니다. 임기 5년의 사르네이 대통령 시절에 전국에서 총 4만여 건의 크고 작은 파업이 발생했으니 생활이 어떠했을지 짐작할 수 있을 거예요. 1987년 최저임금 이하의 월급을 받고 있는 노동자가 전체의 25.7%에서 그 이듬해인 1988년에는 29.1%로 증가하는 등 경제

사정이 매우 어려웠답니다. 미화 대비 환율로 보면 당시의 최저임금은 50~100달러 수준이었습니다.

이런 상황에서 룰라는 '브라질이 외국에 진 빚을 갚지 않겠다'는 디폴트 선언Declaration of default을 가장 큰 선거 공약으로 내세웠어요. 더불어 전기·가스 등 많은 산업을 국유화하는 것과 농지개혁을 공약으로 내걸었죠.

이런 룰라의 공약은 국민들의 호응을 얻기 어려웠어요. 가진 사람들 땅을 일부 빼앗아 없는 사람에게 주는 농지개혁은 소수 빈농을 제외하고는 환영받기 어려운 급진적인 계획이었고, 기간산업 등의 국유화 역시 공산주의 국가나 할 수 있는 일이었죠.

이 중 많은 나라를 경악시킨 것은 디폴트 선언이었어요. 1988년 당시 브라질이 진 빚의 이자만도 120억 달러약 12조 원로 어마어마한 규모였기 때문에 브라질에 투자하거나 돈을 빌려 준 나라들은 충격에 휩싸였어요. 바로 증시가 곤두박질치고 수출과 수입이 줄어들어 브라질 경제가 휘청거렸죠. 누구나 룰라에게 정권을 맡길 수 없다고 생각하기에 충분한 상황이었어요.

급진적인 공약은 노동자당을 지지하는 저소득층에게는 인기를 끌었지만, 중산층과 보수층이 크게 반발하는 것은 물론 그들의 결집을 가속하는 역효과를 낳았답니다.

강력한 라이벌도 등장했어요. 40세의 페르난두 꼴로르 지 멜루가 대통령 후보로 나서서, 과거 브라질리아를 건설했던 발전지상 주의자 주셀리누 쿠비체크 대통령의 지도력을 계승하겠다고 선언했어요. 악성인플레이션과 사르네이 정부의 실정에 낙담하던 유권자들에게 신선한 바람을 불러일으켰답니다.

꼴로르 후보는 대대손손 부유한 집안 출신이어서 유세 때면 전용 제트기를 타고 다녔는데요. 꼴로르는 브라질 최대 민영방송사인 글로부의 지지를 업고 여론조사에서도 선두를 달렸어요.

반면 룰라는 버스나 일반 비행기로 전국을 누벼야 했고, 언론도 룰라의 편이 아니었죠. 다만 몇 차례의 TV 토론은 룰라에게 큰 힘이 되었어요. 초기 2.5%의 지지율이 토론을 거치면서 두 자리 숫자로 올랐으니까요.

그의 진솔하고 단순한 표현은 많은 사람의 공감을 얻었지만, 급진적인 이미지를 극복하지 못한 채 꼴로르 42.75%, 룰라 37.86%로 선거에서 패배하고 말았어요.

사실 대외 환경도 룰라에게는 호의적이지 않았답니다. 대통령 선거 막바지인 1988년 11월 10일에 베를린 장벽이 무너진 거였어요. 그것은 동유럽 국가들이 추구하던 사회주의와 공산주의가 실패했음을 의미했고, 비슷한 노선을 주장하던 룰라에게도 악영향을 미쳤던 것입니다. 어느 기업가는 공공연히 '룰라가 당선된다면 브라질의 기업인 중 80만여 명이 국외로 탈출할 것'이라고 말했으니 룰라에 대한 반감이 어느 정도였는지 짐작할 수 있겠죠?

시련의 13년, 대통령을 꿈꾸다

우리나라에는 '수상'은 없고 '대통령'이 있다?

우리나라의 '대통령'에 해당하는 직위를 영국에서는 '수상'이라고 부릅니다. 이처럼 나라마다 정상을 부르는 명칭이 다른 이유는 다른 정부 형태를 갖고 있기 때문인데요. 현대에서 가장 대표적인 정부 형태는 대통령중심제와 의원내각제예요. 미국과 우리나라처럼 대통령제를 택한 나라에서는 대통령이, 영국이나 일본처럼 의원내각제를 택한 나라에서는 수상이 나라를 대표합니다. 프랑스의 경우에는 대통령이 외교와 국방을 담당하고, 수상이 사회 및 경제 분야를 맡는 등 혼합한 정부 형태, 즉 이원 집정제를 채택하고 있어요. 우리나라는 4·19혁명 이후에 생겨난 제2공화국에서 의원내각제를 잠시 시행하기는 했지만, 그 후로는 계속 대통령중심제를 택하고 있습니다.

하지만 의미 있는 패배였어요. 1차 경선에서는 1,160만 표를 얻었지만, 2차 경선에서는 무려 3,100만 표를 얻었으니까요. 중졸의 노동자 출신인 그가 2차 경선까지 간 것 자체가 승리나 다름없었어요.

가난을 이기고자 머나먼 길을 트럭 버스로 여행한 뒤 중학교 교육과정에 해당하는 직업훈련원을 나온 선반공 노동자. 그가 노조위원장을 거쳐, 노동자당의 당수가 되어 대통령 선거까지 갈 수 있었다는 것 자체가 브라질이라는 사회가 그만큼 포용력이 있다는 증거일 거예요.

또한 노동자 룰라의 굴곡 많은 삶과 신분의 귀천을 가리지 않고 누구와도 대화하는 소통력, 그리고 실생활의 경험에 바탕을 둔 간결한 어투와 천부적인 카리스마가 브라질 사람들의 마음을 움직였어요.

꼴로르 당선자는 2년쯤 지나서 선거 자금을 둘러싼 형제 간의 알력과 선거 자금 책임자의 비리로 결국 탄핵되어 권좌에서 쫓겨나고 말았어요.

노동자당의 변신

노동자당은 창당 때부터 서로 다른 생각을 가진 사람이 많이 포함되어 있었습니다. 그들은 노동운동가, 지식인, 사회운동가, 가톨릭의 급진 세력, 사회주의자, 마르크스주의자 등이었는데 한 가지 공통점은 가난한 서민들과 노동자들의 권익을 옹호하는 데 헌신한 사람들이었다는 거예요.

그래서 베를린 장벽 붕괴 후, 연쇄로 일어난 동유럽의 사회주의 몰락도 브라질 노동자당에 타격을 주진 못했어요. 어느 정당보다도 국민들 가까이서 그들의 말에 귀를 기울였기 때문이죠. 특히 룰라는 동유럽이나 구소련에 존재하던 사회주의는 민주적이지 않다고 판단했어요. 국민의 말에 귀 기울이지 않은 독재적이고 권위주의적인 정권이기에 사회주의도 몰락하고 말았다고 생각했어요.

동유럽 사회주의 몰락을 지켜보면서 룰라는 많은 사람을 만났어요. 극빈층부터 상위 1%의 기업가들까지 가리지 않고 열심히 만나면서 '브라질만의 정책'을 고민하기 시작했죠. 그는 좌파, 우파를 구별하지 않았어요.

룰라는 폴란드의 노동운동가이자 대통령을 지냈던 레흐 바웬사 Lech Walesa, 1943~ 를 만났어요. 노동운동가로 대통령을 지낸 전설적인 인물이지만, 룰라는 바웬사를 모방하지는 않았어요. 바웬사의 정치가 민주적이지 못하고 독단적이란 생각이 들어서였죠.

"바웬사를 공부해 보니 그를 닮아서는 안 되겠다는 생각이 들었어요. 퇴임 때 바웬사의 지지율은 1%대였죠."

그는 노조위원장과 대통령은 매우 다른 자리라는 걸 간파했어요. 가장 큰 관심을 극빈층과 서민에 두되, 부자의 것을 빼앗는 정책이 아니라 기업을 살리고 경제를 발전시켜 서민층의 주머니를 두둑하게 해서 소비를 늘리는 것이 궁극적으로 브라질을 살리는 것이라고 생각했어요.

룰라는 세계 문제에 대해서도 결코 나 몰라라 하지 않았어요. 세계는 곧 브라질과 하나로 연결되어 있기 때문이었죠. 중국에서 톈안먼사건●이 일어났을 때는 중국 당국을 격하게 비난하기도 했어요. 물론 미국의 패권주의에 대해서도 거침없는 비난을 쏟아 냈어요.

룰라의 가슴속에는 항상 억압받는 사람들, 가난한 사람들, 힘없는 여성들, 노동자들에 대한 고민이 깔려 있었기에 약소국에 대한 강대국의 횡포에 대해서도 직설적인 비난을 했던 것입니다.

가장 강력한 대권 주자가 된 룰라. 룰라와 노동자당은 의회와 행정부에서 서서히 자신들의 정책을 펼쳤어요.

이 시절 룰라가 이끄는 노동자당이 도입한 정책 중 가장 획기적인 것은 '주민예산참여제'였어요.

한 도시가 세금으로 살림하면서도 정작 주민은 세금이 제대로 쓰이는지 알 도리가 없죠. 룰라와 노동자당은 예산을 짜고 집행할 때 시민들이 참여해 의견을 내고, 그것을 반영하도록 제도를 바꾸었어요. 이렇게 하니 주민들에게 꼭 필요한 사업에 예산을 집중할

● **톈안먼사건**: 1976년 4월 5일에 중국 베이징의 톈안먼 광장에서 국민들이 정권에 항의하는 시위가 벌어지면서 일어난 유혈 사태예요. 저우언라이를 추도하기 위하여 모인 군중들이 마오쩌둥을 비난하는 구호를 외치자, 이를 군사력으로 제압하면서 발생했습니다.

수 있고, 제대로 쓰이는지 감시도 가능하게 되었죠.

브라질 남부의 뽀르뚜알레그리시라든가 꾸리찌바시 등을 그 대표적인 예로 들 수 있는데요. 전통적으로 노동자당 등 사회주의 노선을 표방하는 정당들을 지지하는 좌파적 성향이 특히 강하고, 유럽 이민자들 중심의 백인이 많은 도시들이에요. 이 두 곳에서 주민예산참여제가 성공하면서 노동자당과 룰라에 대한 국민들의 신뢰는 더욱 커져 갔습니다.

다시 대선에 도전하다

시간이 지날수록 노동자당에 대한 국민의 신뢰는 높아 갔고, 룰라는 다음 선거를 준비했어요.

이 선거를 전후해 룰라는 일명 '시민 카라반Caravana de Cidada nia'이라는 전국 일주를 시작했어요. 자신이 태어난 가라늉스에서 상파울루까지 버스를 타고 내려오는 여정이었어요. 다시 초심으로 돌아가 진실로 국민에게 필요한 것이 무엇인지 제일 먼저 귀담아듣고자 했답니다.

그가 거친 도시만 해도 23개 주의 350곳이나 되었어요. 가는 곳곳마다 그는 군중들 앞에서 즉흥 연설을 했어요. 아마존 상류의 혼도니아 주를 거쳐 가는 동안에는 200여 명의 기업인과 대화를 하기도 했죠. '시민 카라반'을 통해 룰라는 극빈층뿐만 아니라 중소기업가와 상인들이 무엇을 원하고 있고, 그들을 위해 무엇을 해야 할지 시야를 넓힐 수 있었답니다.

'시민 카라반' 투어가 끝날 무렵 룰라와 노동자당은 차기 대통령 선거에 대해 큰 자신감을 갖게 되었어요. 꼴로르 전임 대통령이 부패로 물러나고 부통령이던 이따마르 프랑꾸가 대통령직을 승계했지만, 월평균 인플레이션이 30%에 육박할 정도가 경제가 어려워 야당의 지지율이 높았기 때문이죠.

높은 인플레이션을 해결하기 위해 1993년 이따마르 프랑꾸 대통령은 당시 외무장관이었던 대학교수 출신의 페르난두 엥히끼 까르도주를 재무장관에 등용했어요.

까르도주는 1994년 7월 1일부로 '헤아우플랜●'을 단행하고, 화폐 이름도 지금의 '헤아우'로 바꿨습니다. 그러한 노력 끝에 1993년 연 2,104%, 1994년 2,407%에 이르던 인플레이션이 1995년엔 68%, 1996년엔 9.3%로 급격하게 낮아졌답니다. 브라질 국민들은

여기서 잠깐

헤아우플랜이란?

'헤아우플랜'은 악성인플레이션을 잡기 위해 1994년 7월 30일, 당시 까르도주 재무장관이 실시한 경제개혁 정책이에요. 이 정책에서는 브라질의 기존 공식 화폐였던 끄루제이루(Cruzeiro)화를 현재의 헤아우(Real)화로 교체하는 화폐 개혁을 단행했는데요. 그로 인해 그해 월평균 두 자리 숫자에 있던 인플레이션을 1996년에는 연평균 한 자리 숫자로 안정시키는 데 성공했습니다.

경제정책을 어떻게 펴느냐에 따라 생활이 엄청나게 달라질 수 있다는 것을 실감했지요.

사실 국민에게는 정치보다 먹고사는 일이 더 중요한 법이죠. 재무장관직에 올라 브라질 경제를 안정시키면서 까르도주는 차기 대통령 후보로 급격히 떠올랐어요. 까르도주는 룰라의 노동자당 창당을 돕고 경제 자문도 많이 했지만, 1996년 대선에서는 어쩔 수 없이 경쟁자가 되었어요.

결국 경제를 안정시킨 덕분인지 6월까지만 해도 각종 여론조사에서 룰라에게 40:17로 뒤떨어졌던 까르도주는 10월 선거에서 54.3%(3,430만여 표)를 얻어 27%(약 1,710만여 표)를 얻은 룰라를 제치고 대통령에 당선되었습니다.

연거푸 대선에서 진 룰라는 많은 생각에 잠겼어요.

'많은 사람이 열심히 도와주었는데 또 지고 말았구나. 하지만 아직 때가 아닌 거야. 여기서 물러설 수는 없어. 경제는 조금 안정되었지만, 극빈층은 여전히 굶고 있고 빈부 격차는 점점 심해지고 있어. 내가 겪었던 가난을 잊어서는 안 돼.'

룰라는 자신을 믿는 사람들에게 실망만 안겨주게 될까 봐 염려했지만, 세찬 바람에도 언제나 다시 일어서는 들판의 풀처럼 다시 일어설 결심을 했습니다.

대선 삼수를 하다

까르도주 대통령은 본래 종속이론을 연구하던 사회학 교수였답니다. 군사정권과의 마찰로 해외를 떠돌다가 민간정부가 들어서면서 브라질로 들어왔어요. 까르도주 역시 룰라만큼이나 현실적인 지도자였죠. 대통령이 된 뒤에는 어떤 자리에서든 이렇게 말했어요.

"제가 쓴 책들은 잊으십시오."

그가 대통령이 되었을 때는 소련을 비롯한 공산당 정부가 다무너지고, 자본주의가 유일한 해답인 양 위세를 떨칠 때였어요. 정부의 기능을 최소화하고 시장에 맡기자는 신자유주의●는 누구도 거스르기 힘든 대세로 보였죠. 물론 지금은 신자유주의가 2008년 세계 금융 위기를 불러왔고, 다시 정부의 기능을 강화하자는 쪽으로 논의가 바뀌고 있지만요. 이렇게 정치는 그때그때의

여기서 잠깐

신자유주의란?

신자유주는 '케인스주의'를 비판하면서 나온 이론이에요. '케인스주의'는 자본주의 경제가 안정되기 위해서는 국가의 적극적인 개입이 필요하다는 주장인데요. 신자유주의 주창자들은 국가라는 권력이 시장에 개입함으로써 자연스러운 경제 흐름을 방해했다는 문제점을 지적하면서 시장의 자율성과 개방을 주장했습니다. 신자유주의는 경쟁 시장의 효율성을 높였다는 면에서는 긍정적으로 평가되지만, 불황과 실업 그리고 빈부 격차가 심해졌다는 부정적인 면도 지적되고 있습니다.

상황에 따라 물 흐르듯 바뀔 수밖에 없는 거예요.

영리한 까르도주는 신자유주의 흐름을 놓치지 않고, 과거 자신의 이론을 잊으라고, 시대에 맞는 정치를 해 나가겠다고 한 것이죠.

하지만 신자유주의는 지식이나 자본을 가지지 않은 사람을 경쟁에서 밀려나게 했어요. 애초에 가난한 사람이나 경쟁력이 없는 사람이 시장이라는 무대에서 부자나 지식인들과 일대일로 겨루기란 불가능한 게임이었던 거죠. 대형 할인점과 동네 구멍가게가 가격이나 서비스 면에서 경쟁이 안 되는 것과 같은 이치예요.

정부가 나서서 서민을 거대 자본으로부터 보호해야 하는데도 시장에 맡기면 가난한 사람은 더욱 가난해지고, 가난하다 보니 학교도 못 가는 일이 벌어지죠. 가난이 대물림되는 악순환이 발생한답니다.

룰라가 다시 대선에 도전해야 할 이유는 바로 여기서 시작되었어요. 까르도주 대통령은 악성인플레이션을 잡고 대통령에 당선되었지만, 신자유주의 정책을 강하게 밀어붙임으로써 부자는 더욱 부자가 되고 가난한 사람은 더욱 가난해지는 이른바 '빈익빈 부익부 현상'이 일어나게 됐어요.

까르도주는 집권 1기를 맞을 때까지 브라질의 부흥기를 이끌었고, 국민에게 두터운 신임을 받을 수 있었어요. 인기를 등에 업고 헌법을 수정하여 대통령과 주지사 등에게 연임할 수 있는 길을 열었으며, 결국 1998년 다시 룰라를 물리치고 재선되는 행운을 누릴 수 있었어요.

그런데 문제는 이제부터였습니다. 1997년 아시아발 경제 위기로 인하여 브라질 경제도 휘청거리기 시작했고, 급기야 1999년 브라질은 IMF로부터 긴급 구제금융을 받기에 이르렀습니다. 그 규모는 무려 435억 달러약 44조5천억 원에 달했어요.

갑자기 들이닥친 경제난은 가난한 사람들을 더욱 궁지로 몰았어요. 까르도주가 주도했던 국영기업의 민영화는 정작 전기, 철도, 전화 등 공공요금을 높여 놓았고, 복지와 연금 정책은 제자리걸음이었어요.

브라질 국민들은 2002년에 또 한 번 IMF 구제금융을 받으면서 정치가과 여당에 크게 실망했어요. 숫자만 그럴듯하게 만들거나, 기업가들에게만 특혜를 주는 정권을 심판하기에 이르렀죠.

세 번의 도전 끝에…

결국 2002년 대통령 선거가 다가왔고, 이미 세 번이나 대통령 선거에 떨어진 룰라는 마지막이라는 심정으로 선거에 전력을 다했어요. 이제 국민들은 10년이라는 세월 동안 변함없는 노동자당 지도자로 서민들의 권익을 위해 애쓴 룰라에게 한 표를 던졌습니다. 신자유주의가 낳은 갖가지 부작용을 없애 줄 것을 기대하면서 말이죠.

시련의 13년, 대통령을 꿈꾸다

룰라 역시 급진적인 이미지를 바꾸는 데 힘을 쏟았어요. 2002년 6월 '브라질 국민에게 드리는 편지'에서 디폴트 선언을 하지 않을 것과 다른 나라들과 맺은 계약을 엄정하게 지킬 것, 친기업 정책을 유지할 것, 민영기업을 국유화하지 않을 것 등을 발표했어요.

또한 KFC 할아버지처럼 흰 수염을 길러 유권자들에게 편안하고 친근한 이미지로 다가갔답니다. 물론 그의 카리스마 넘치는 연설과 열정에 넘치는 손짓 발짓은 달라지지 않았어요.

반면 까르도주의 후계자로 나선 주제 세하는 독선적인 데다 카리스마도 부족해 국민들의 신망을 얻기에 부족했어요.

룰라는 아직 약체인 노동자당을 중심으로 4개의 야당 세력을 규합하여 총력전에 나섰습니다. 마침내 10월 27일, 자신의 57번째 생일에 브라질 대통령으로 당선되었어요. 61.3% 대 38.7%라는 큰 표 차이로 말이에요. 어렵사리 중등교육을 마친 선반공 출신 룰라가 우리나라 남한 땅 넓이의 86배가 넘는 브라질의 대통령이 된 것이었습니다.

가난한 서민들의 대통령

2003년 1월 1일 취임식에는 그가 태어났던 가라늉스에서 친인척 70명이 브라질리아로 와서 룰라의 기적을 축하했습니다. 그 취임식에서 룰라는 이렇게 말했습니다.

"배고픔을 겪는 브라질 형제가 있는 한 저는 부끄러움에 얼굴을 들지 못할 것입니다. 룰라 정부의 최우선 정책은 '기아 제로Fome Zero'라는 식량 계획입니다. 임기가 끝나갈 무렵, 모든 브라질 국민이 아침, 점심, 저녁을 거르지 않고 먹을 수 있다면 저는 필생의 임무를 다한 것으로 생각하고 만족할 것입니다."

한정된 예산을 어디에 쓸 것인가를 정하는 것은 정치 활동의 중요한 부분이죠. 룰라는 취임식에서 무엇보다도 '배고픈 사람이 없게 하겠다'고 선언하면서 친서민 정책을 예고했어요.

"브라질 국민 중 5,000만 명이 다음 끼니를 언제 해결할지 모르며 살고 있습니다."

대통령이 극빈층에 관심을 두자 장관과 관리들도 모두 이 문제에 매달릴 수밖에 없었죠.

사실 브라질의 이 같은 상황은 그야말로 아이러니였어요. 천연자원이 어느 나라보다도 많고 대도시에서도 교외로 나가면 야생 바나나가 우거진 나라가 바로 브라질이니까요.

브라질이 이런 상황에 처하게 된 것은 빈부 격차 때문이었어요. 1990년대 중남미 나라 대부분이 그랬지만 '중남미의 거지는 미국의 거지를 부러워하지만, 중남미의 부자는 미국의 부자를 부러워하지 않는다'는 말이 있을 정도로 중남미의 빈부 격차는 극에 달했죠.

중남미의 경우 실업 보험과 같은 사회 안전망이 제대로 갖춰져 있지 않아 한번 실직하면 곧장 빈민층으로 전락하는 국민이 많았어요. 당연히 굶는 사람도 많았죠. 반면에 부자들은 허술한 세금 제도를 이용해 쉽게 탈세하면서도 처벌받지 않을 수 있었어요.

룰라는 빈곤층 문제를 해결하면 사회에 퍼져 있는 부유층의 도덕적인 해이함까지 해결할 수 있다고 판단했어요.

"사람들은 대개 자신이 처한 위치에서 세상일을 판단합니다. 가난한 사람들과 가까이 있는 사람은 가난한 사람들을 기준으로 생각하겠죠. 그러다가 얼마 뒤 부자들과 함께 있으면 부자처럼 생각하고요. 저는 대통령직에 올랐습니다만, 저의 가난한 출신과 배경에 대하여 잊지 않을 것입니다."

2004년 2월에 열린 세계은행 콘퍼런스에서 한 말은 룰라의 각오를 아주 잘 나타내고 있어요.

서민 출신이지만 대통령 자리에 앉는 순간 과거의 자신을 잊어버리는 많은 정치가와 룰라는 확실히 달랐어요. 대통령 자리에 있지만 그 자리에 안주하지 않고 자신의 출신 배경을 기준으로 살겠다는 이 말은 그래서 매우 의미심장합니다.

룰라 정부가 '기아 제로'만큼이나 중요하게 추진한 제도는 '보우사 파밀리아Bolsa Família'라는 최저생계비 보장 제도였어요. 한 가족이 벌어들이는 소득이 최저생계비에 미치지 못한다면 부족한 부분을 정부가 채워 주는 제도이죠.

물론 아무 조건이 없는 것은 아니었어요. 룰라는 아이들의 교육을 가장 중요하게 생각했어요. 나라의 미래가 교육에 달려 있다고 보았죠.

따라서 정부의 지원금을 받으려면 반드시 자녀의 학교 출석률이 85%를 넘고, 아이들에게 필요한 백신주사를 맞혔다는 증명서를 제출하도록 했어요. 문맹률이 15%나 되는 상황을 해결하면서 동시에 저소득층에게 복지 혜택을 주는 일석이조의 정책을 추진했던 것이죠.

이 제도로 2003년에는 360만 명이 혜택을 받았으나 2006년에는 1,200만 명이 혜택을 받았습니다. 하지만 어떤 사람들은 그것이 포퓰리즘populism 정책, 즉 인기영합주의라고 비난했어요. 그때마다 룰라는 이렇게 말했답니다.

"룰라 정부는 결코 포퓰리즘 정권이 아니었고 지금도 아닙니다. 언제나 그랬듯이 앞으로도 국민의 정부가 될 것입니다."

또한, 일부 언론에서 그의 행동을 보고는 가난한 서민들을 위한 정책만을 편다고, 그래서 국민을 부자와 가난한 사람으로 편 가르기를 한다고 비난하자 2006년 대통령 선거가 있기 며칠 전에 이렇게 말했답니다.

"선거 유세 동안 브라질을 '부자'와 '가난한 자'로 편 가르기를 했다고 비난하는 소리를 들었습니다. 저는 이렇게 생각합니다. 부자는 국가의 도움이 필요하지 않습니다. 하지만 가난한 서민은 국가와 사회의 관심과 도움이 필요합니다. 이상하게 들릴지 모르

시련의 13년, 대통령을 꿈꾸다

지만, 솔직히 저는 부자에만 관심이 있습니다. 가난한 사람도 부자가 되는 그런 브라질 말입니다."

하지만 결코 힘으로 부자의 것을 빼앗지는 않았어요. 저소득층에게 혜택이 돌아가면 그만큼 각 가정의 소비 수준이 높아지기 때문에 자연히 기업을 가진 사업가들도 물건을 많이 팔 수 있었죠. 이렇게 선순환 구조를 갖게 되면 나라 전체의 부가 올라가고 국민소득이 높아지게 돼요.

룰라가 집권했던 8년 동안 브라질 경제성장률은 연평균 5%라는 높은 성장률을 유지했습니다. 이렇게 집권 1기 경제 성적표에서 좋은 점수를 받았기 때문에 룰라는 4년 만에 대통령 선거에서 재선됐고, 8년 만에 대통령직에서 물러났을 때는 지지율 87%라는 전무후무한 기록을 가질 수 있었답니다.

© Wilson Dias/ABr

재선에 성공한 룰라 대통령의 취임식 (2007)

선거란?

국민이 공직자나 대표자를 뽑는 행동을 말해요. 이것을 대의 정치, 또는 간접 민주주의라고 합니다. 폴리스 국가였던 고대 그리스 아테네에서는 시민 모두가 정치에 참여할 수 있었지만, 사람도 많고 영토도 늘어난 현대에는 모든 국민이 직접 참여하는 정치는 거의 불가능하거든요. 따라서 선거는 나를 대신할 대표자가 국가 권력의 정당성을 갖도록 뒷받침하는 제도입니다.

선거 4대 원칙은?

대부분의 나라가 보통·평등·직접·비밀 투표를 원칙으로 삼고 있지만, 영토 크기나 시차, 정치 방식에 따라 조금씩 다르기도 해요.

선거권을 가진 19세 이상의 국민이면 누구나 투표권을 가질 수 있고(보통선거) 재산이나 학벌, 인종, 종교, 신분에 따라 차별받지 않을 권리(평등선거)를 가질 수 있어요. 지금은 당연한 것처럼 보이는 이 원칙이 선거에 적용되기까지는 참 오랜 시간이 걸렸답니다. 유럽의 여성들은 투표권을 얻기 위해 100년 이상 투쟁했고요. 영국에서조차 민주정치가 시작된 지 한참 지난 1918년에야 노동계급에 보통 선거권을 줬어요. 아직도 사우디아라비아를 비롯한 몇몇 이슬람 국가에서는 이슬람 신자에게만 선거권을 주고 있다고 해요.

투표자는 본인이 원하는 후보를 직접 선발할 권리가 있으며(직접선거) 투표 내용을 투표자 외에는 알 수 없습니다(비밀선거). 하지만 미국이나 캐나다처럼 국토가 너무 넓거나 한 나라 안에서도 시차가 생기는 나라에서는 간접선거를 하고 있어요. 비밀선거는 대부분 국가에서 시행하지만, 북한이나 중국, 베트남에서는 투표 내용을 제삼자에게 공개하는 공개선거 방식을 채택했어요. 과거한국에서도 독재자가 권력을 유지하기 위해 행정 기관에서 유권자를 매수하거나 군인들의 표를 빼앗고 투표함까지 바꾸는 일이 있었어요. 정말 다시는 되풀이 되어서는 안 될 역사입니다.

선거에는 누가 출마할 수 있나요?

만 25세 이상인 한국인은 국회의원과 지방의회 의원 그리고 지방자치단체장선거에 후보로 나설 수 있어요. 나라의 최고 수장인 대통령이 되려면 40세 이상이어야만 해요. 직업이 무엇이든, 재산이 얼마나 많든, 학벌이 어떠하든 상관없어요. 가난한 사람은 정치가가 될 수 없는 거 아니냐고요? 가난해서 대통령이나 국회의원이 될 수 없다면 평등의 원칙에도 어긋나겠죠. 우리나라는 선거 공영제에 따라 선거 관리 기관이 선거 운동을 관리하고요. 선거 비용 일부를 국가가 부담하고 있습니다. 물론 선거를 통해 정치가가 되기도 하지만, 대통령이 임명한 장관처럼 선거 없이 정치가가 되는 경우도 있답니다.

선거에 출마하려면 어떻게 해야 하나요?

우선 정당의 후보가 되어야 해요. 유권자의 지지를 받아 무소속으로 출마하는경우도 있지만, 대부분은 정당원이나 대의원들이 투표를 하거나 여론조사를해서 후보를 결정합니다. 정당에 가입하려면 인터넷으로 가입해도 되고, 지역별로 있는 당원협의회에 입당원서를 제출해서 가입할 수도 있습니다.

4

세계가 부러워하는

지도자로

'미래의 나라'
대통령이 되다

"변화, 이것이 핵심어다. 이는 지난 10월 선거에서

브라질 사회의 위대한 메시지였다.

희망은 마침내 공포를 극복했다."

룰라 - 취임 연설 중에서

룰라가 생각하는 대통령은 누구와도 소통할 줄 아는 사람이었어요. 서민 출신인 자신이 그들의 마음을 아는 만큼 부통령은 대기업 총수인 알렝까르를 기용해 기업과 부유층의 어려움을 나누려고 했어요. 룰라는 세계를 호령하는 미국 앞에서는 언제나 당당했답니다. 그가 고개를 숙일 수 있는 사람은 오직 브라질 국민뿐이었어요.

소통의 리더십

룰라가 대통령에 당선되면서 부통령으로 선택한 사람은 주제 알렝까르라는 대기업 총수였답니다. 그 역시 초등학교 졸업장만 갖고 브라질 최대의 섬유 회사인 꼬찌미나스를 세운 입지전적인 인물이었어요.

룰라 자신이 서민, 노동자 출신이었기 때문에 함께 국정을 운영하는 파트너인 부통령은 자본가인 알렝까르를 선택함으로써 균형을 맞춘 거예요.

대개 대통령이 되면 자신을 도와주고, 자신과 마음이 맞고, 자신과 출신 성분이 비슷한 사람들을 중용하기 마련이지만 룰라는 그렇게 하지 않았어요. 자신이 서민 출신이라서 서민의 마음과 형편을 잘 알기 때문에 오히려 부통령은 자신이 한 번도 경험해 보지 못한 계층 사람을 앉혀서 그들의 어려움도 반영하고자 한 것이죠.

대기업·중소기업이 모두 경쟁력을 갖고 세계시장에서 실력을 발휘하여 많은 사람을 채용해서 일자리를 넓히는 것이 매우 중요한 것임을 알았던 것입니다.

룰라가 처음 대통령 선거에 출마했을 때 "직업 훈련원 출신이 대통령이 되면 나라가 망할 것이다."라고 했던 자본가들도, "포르투갈어도 제대로 쓸 줄 모르는 사람이 브라질을 대표하면 망신이다."라고 했던 지식인들도 나중에는 이런 룰라의 포용 정치에 녹

아들어 절대적인 지지를 보냈답니다.

그는 대통령이 되어, 그 어떤 지식인보다 잘해냈기 때문에 브라질 아이들에게 '나도 대통령이 될 수 있어', '나도 룰라처럼 대통령이 될 거야'라는 꿈을 꾸게 했어요. 룰라 때문에 이제 브라질 아이들은 대학을 꼭 나와야 정치가가 되고, 대통령이 될 수 있다는 생각을 하지 않게 됐습니다.

룰라의 장점인 소통의 리더십은 노조위원장 시절부터 꾸준히 연습해 온 결과예요. 그는 진심을 먼저 보여 주고 다른 사람들을 기꺼이 껴안았어요. 자기 의견을 명확히 갖고 있었지만 다른 사람들의 의견과 부딪힐 때는 한발 양보할 줄 아는 융통성이 있었습니다.

룰라가 어떤 계층과도 대화할 수 있었던 것은 간결하고도 직설적인 말솜씨 덕분이었어요. 룰라의 말이 실제 삶의 경험에서 나온 것이었기에 설득력이 있었죠.

단순하면서도 효율적인 소통, 지식인부터 문맹자까지 쉽게 이해할 수 있는 쉬운 표현은 연설의 모범이 되었어요.

룰라가 대통령이 된 직후 UN 총회에서 연설할 때였어요.

"지구의 절반은 배고파 죽어 가고 있는데 나머지 절반은 살을 빼느라 다이어트하고 있다."

이 말은 그 뒤로 빈부 격차와 세계화의 그늘에 관해 얘기할 때마다 단골로 쓰이는 표현이 되었어요.

전 세계 주요 국가의 원수들과 대표들이 모인 자리에서 룰라는 지구촌의 가난한 사람들에 대하여 모두가 관심을 가지고 도와야 한다고 당당히 말한 거예요.

빙 둘러서 말하지 않고 아주 간결하면서도 직설적으로 표현하는 룰라식 대화법은 다른 나라 국가 원수들에게 좋은 본보기가 되었어요. 스스로 가난을 물리친 자신감이 없었다면 그런 표현이 나오기 어렵지 않았을까요?

룰라는 또한 대통령의 권한을 독점하지 않고 다른 사람과 나누었습니다. 하지만 그 권한의 한계를 두어 지나친 월권행위를 막았습니다. 장관들에게 전반적인 지침만을 제시하고는 각자가 최선을 다해 달라고 당부했고, 그 결과에 책임지도록 했어요. 그러다 보니 장관들은 소신 있게 정책을 수립하고 실천하게 되었답니다.

"정치의 길은 인내와 양보 그리고 상대방에 대한 이해를 요구합니다. 또한, 정치의 길은 우리가 끝까지 타인의 의견을 귀담아들을 것을 요구합니다. 그래야만 서로의 이해관계를 조율하고 조화할 수 있기 때문입니다."

대통령이 된 직후 룰라는 한 TV 방송과의 인터뷰에서 이렇게 말했습니다. 대통령이 갖춰야 할 자질을 간략하게 언급한 것이지만 사실은 정치에 대한 그 자신의 신념이기도 했어요.

"모두가 대통령이 하는 말에 무조건 복종해야 한다면, 정치하는 것은 불가능합니다. 대통령은 슈퍼맨이며 혼자서 모든 것을 다 할 수 있다고 믿는 사람은 제대로 된 정치를 할 수 없습니다. 대통령은 하루 24시간, 누구와도 대화할 자세가 되어 있어야 하며, 또 그들과 정치적 합의를 이룰 수 있어야 합니다. 천만다행으로 저는 지금도 자부심을 갖고 있는 노조 경험 덕분에 협상술을 익히는 기간이 있었습니다. 저는 다른 사람들의 말을 듣기 좋아하고 그들이 나에 대하여 말한 것을 깊이 생각해 보는 것을 좋아합니다. 저는 합의를 이루는 걸 좋아하며, 또 그렇게 할 것입니다."

사실 브라질처럼 흑인부터 원주민 인디오, 그리고 동양과 서양인 등 지구 상의 거의 모든 인종과 민족이 모여 사는 나라의 지도자가 되기 위해서는 강력한 지도력도 필요하지만, 그에 못지않게 포용력이 필요합니다.

룰라가 어느 정도의 포용력을 갖고 있었느냐면 2008년 제1회 전국 게이&레즈비언, 양성 주의자 클럽에서 했던 말을 예로 들 수 있어요.

"저는 떠도는 변신동물입니다. 이렇게도 변하고 저렇게도 변하죠. 이전에는 반대했으나 지금은 찬성하는 것이 있습니다. 이전에는 공감하지 않았지만, 이제는 공감하는 것이 있습니다. 바로 그것이 1억 9,000만이나 되는 대가족을 이끄는 방법입니다. 브라질은 자녀가 한 명인 가정이 아니죠. 우리는 종교도 하나만 가지고 있지 않습니다. 성도 하나만 가지고 있는 것이 아닙니다."

소탈하고 눈물 많은 서민 대통령

룰라는 어떻게 세계 역사상 전무후무한 퇴임 시 지지율 87%를 얻을 수 있었을까요? 취임 시 지지율이야 50%를 넘는 사람이 많지만 퇴임할 때는 대개 30% 미만으로 떨어지는 게 일반적이니까요. 여기에는 룰라의 소탈한 모습이 어느 정도 작용했답니다. 대통령이 된 후에도 소탈한 모습을 그대로 보여 줘 살기 팍팍한 국민들에게 위로가 되어 주었어요.

2010년 임기 마지막 해에 있었던 브라질 외교관 양성학교 졸업식이 좋은 예입니다. 축사할 차례가 되자 연단에 오른 룰라 대통령은 외교부와 대통령 비서실이 작성해 준 30분짜리 연설문을 펼치면서 이렇게 말했어요.

"외교부와 비서실에서 장문의 훌륭한 연설문을 준비해 주었는데 그대로 읽으면 30분이나 걸릴 것입니다. 지금이 오후 1시 30분인데 다들 점심 전이시잖아요. 이 강당 뒤에 마련된 식사를 생각하느라 제 연설이 제대로 귀에 들어오겠습니까? 배고픔 앞에서는 음식이 최고죠. 이 연설문은 정부의 문서 보관서에 고이 간직하고, 오늘은 아주 짧게 제가 겪은 몇 가지 경험만을 말씀 드리겠습니다."

예비 외교관들은 자신들의 마음을 알아주는 이 솔직하고 소탈한 대통령을 진심으로 좋아하게 되었다고 해요.

세계가 부러워하는 지도자로

격식과 체면 차리기를 체질적으로 싫어했던 룰라를 한 장의 사진으로 보여 준 사례도 있어요. 브라질 모 신문사의 파파라치 사진이었죠.

브라질 북동부, 사우바도르 도시 인근의 아라뚜 해군기지에서 휴가를 보내고 있는 룰라의 모습을 담은 사진이었어요.

룰라가 반바지에 티셔츠를 걸치고 슬리퍼를 신은 채 맥주가 든 아이스박스를 머리에 이고 걷는 모습이었어요. 그 사진에는 룰라의 부인과 친구, 비서관들의 모습도 함께 찍혔는데 룰라가 앞장서서 아이스박스를 이고 가고 있었어요.

파라라치가 몰래 찍은 그 사진 한 장은 많은 사람에게 큰 울림을 주었어요. 대통령이 된 후에도 그는 과거의 모습을 버리지 않았으니까요.

대통령이기 이전에 그저 평범한 한 가정의 가장이요, 변함없는 친구였던 거예요. 대통령이 맥주가 든 아이스박스를 머리에 얹고 가는데 주변의 친구나 비서관들은 아무것도 들지 않은 채 자연스레 그의 뒤를 따르는 모습은 그가 평소에 체면과 격식을 차리는 대통령이었다면 있을 수 없는 일이었을 겁니다.

룰라의 솔직하고 소박한 모습을 보여 주는 예는 얼마든지 있지만, 축구를 빼놓을 수 없겠네요. 룰라는 여느 브라질 사람들처럼 축구를 매우 좋아했고 TV 드라마도 무척 좋아했어요.

덕분에 브라질 프로 축구 선수뿐만 아니라 배우 이름도 줄줄 꿰고 연속극 줄거리도 알고 있어서 어떤 모임에서든 친근한 일상 대화를 나눌 수 있었어요. 사람들이 쉽게 마음을 열고 어려움을 고백할 수 있도록 대화의 물꼬를 튼 거죠.

룰라는 카리스마가 넘치는 사람이었지만 동시에 다정다감했기 때문에 많은 사람의 사랑을 받을 수 있었어요.

그는 눈물 많은 대통령으로 아주 유명했답니다. 2002년 대통령 당선증을 받는 자리에서도 울었고, 가난한 아이들을 만날 때마다 눈물을 감추지 못했어요. 특히 브라질에 관해 얘기할 때면 어김없이 눈물을 보였어요. 2010년 10월 9일, 브라질의 리우데자네이루가 2016년 하계 올림픽 개최지로 선정된 직후, 룰라는 이렇게 말했습니다.

"이번의 승리는 그동안 세계 언론에 무수히 부정적으로 보였던 우리 브라질 국민에게 하나의 보상인 셈입니다. 브라질이 올림픽을 열 여건이 안 된다고 생각하는 사람들은 이제 놀라게 될 것입니다. 이 나라에는 기회가 주어져야 합니다. 브라질은 이미 오래전부터 올림픽을 치를 자격이 있었습니다."

중간에 말을 잇지 못하고 목이 멘 대통령의 모습을 지켜본 국민들은 자신들과 똑같은 대목에서 울고 웃는 룰라를 응원하지 않을 수 없었어요.

세계가 부러워하는 지도자로

룰라가 가진 또 하나의 빼놓을 수 없는 덕목은 브라질 사람 특유의 여유와 유머 감각이에요. 의원이 된 룰라가 처음으로 브라질리아에 와서 정부 청사와 대통령궁에 들렀을 때였어요.

"이 궁궐의 보스들이 당신과 노동자당이 입성하도록 내버려 둘 것으로 생각하세요?"

누군가 이렇게 물었죠.

"제 아내 마리자도 비슷한 얘기를 하더군요. 마리자는 누가 저 많은 유리창을 닦게 될지 걱정됐었나 봐요."

룰라가 보여 준 재기발랄한 유머는 생활에 지친 브라질 사람에게 작은 활력소가 되었어요. 2016년 하계 올림픽을 유치한 직후 인터뷰에서도 그랬죠.

"하계 올림픽을 유치하게 되었으니 내친김에 아예 동계 올림픽도 유치해 볼까 합니다."

브라질은 눈이 거의 내리지 않는 나라랍니다.

자긍심을 심어 준 당당한 대통령

룰라가 우리나라를 공식 방문했던 2005년, 경제 4단체장이 초청한 오찬장에서였어요. 룰라가 앉았던 테이블에는 우리나라 4단체장을 대표한 사람이 함께 있었는데 그와 대화하다가 룰라 대통령이 먼저 이렇게 물었습니다.

"브라질의 이구아수 폭포에 가 보셨습니까?"

"네, 가 보았습니다."

"그러면 미국의 나이아가라 폭포에도 가 보셨습니까?"

"네, 그곳에도 가 보았습니다."

"두 폭포를 비교한다면 어떻습니까?"

"당연히 이구아수 폭포가 더 훌륭하더군요."

"하하. 이구아수 폭포에 비하면 나이아가라 폭포는 목욕탕 샤워기에서 나오는 물줄기에 불과하죠."

브라질을 대표하는 관광자원과 미국의 대표 관광자원을 비교한 그의 말은 룰라의 독립적인 외교 전략을 대변하고 있어요. 세계를 호령하는 미국 앞에서 룰라는 언제나 당당하고 독립적이었죠.

룰라는 많은 자원을 가진 브라질, 넓은 영토를 가진 브라질이 결코 미국이나 기타 어떤 나라에도 비굴하거나 굽실거릴 이유가 없다고 생각했어요. 대통령이라면 특히 자국의 이익을 강력하게 대변하고 국제사회에서 인정받아야 한다고 생각했죠.

2008년 G7 회담에서의 일화도 유명합니다. 당시 미국에서 G7 정상회담이 열렸는데 부시 대통령이 맨 나중에 들어오자 다른 나라 정상이 모두 자리에서 일어났지만, 룰라만은 일어나지 않았어요. 그는 자신을 수행한 외무장관과 통역에게도 일어나지 말도록 지시했어요.

"내가 일어나지 말라고 하자 우리 외무장관과 수행원들이 어찌

세계가 부러워하는 지도자로

세계 3대 폭포 중 하나인 브라질의 이구아수 폭포

할 바를 몰라 일어나지도 앉지도 못하고 어정쩡하게 서 있더라고요. 내가 그 모습에 웃고 있는데 부시 대통령이 나에게 와서 악수를 청했죠."

룰라가 강대국 미국 앞에서 당당할 수 있었던 것은 아마도 여러 가지 이유가 있었을 거예요. 룰라가 정정당당한 방법으로 브라질 대통령이 되었고, 80% 이상의 지지를 받는 인기 대통령이었기 때문에 더욱 큰 자부심이 있었을 거예요. 물론 브라질이 석유와 천연가스 등 자연 부국이기 때문에 결코 선진국 정상에게 밀리지 않는다는 행동을 보여 줄 필요가 있기도 했지요.

개인적으로 친절한 것과 웃음이 많은 것은 중요한 일이지만 국가 대 국가의 만남에서는 외교적인 수 싸움도 중요합니다. 국제회의에서 중국 정상이 결코 웃음을 남발하지 않는 것을 봐도 상대의 기선을 제압하는 외교적인 언변과 표정은 국가 정상이라면 필수로 익혀야 할 조건이에요.

미국과의 기 싸움에 대한 에피소드는 또 있답니다. 2001년 9·11 테러 이후 미국이 입국자들에게 검문을 매우 강화한 시절이었어요. 미국인을 제외한 모든 사람에게 지문을 강요해 입국 절차를 받는 시간만 서너 시간이 걸렸어요. 우리나라 언론에서도 '불공평하다'는 논평이 쏟아졌지만 특별한 대응을 할 수 없었어요.

하지만 전 세계에서 유일하게 브라질에서는 맞대응했어요. 브라질로 입국하는 미국인에게 일일이 지문을 요구했던 거예요. 입국하는 데 가장 길게는 7시간이 걸리기도 하자 한 미국인이 '살려 주세요!'라고 소리치는 모습이 전 세계에 보도되기도 했답니다.

기아 존재하는 한
세계 평화는 없다

"왜 부자들을 돕는 것은 투자라고 하고,
가난한 이들을 돕는 것은 비용이라고만 말하는가."

룰라

천연자원이 풍부한 브라질 국민들이 기아에 시달린다니, 믿을 수 있나요? 빈부 격차는 심하고 서민을 보호할 사회 안전망은 허술해서 빈민층의 실직은 곧 굶주림으로 이어졌어요. 가난과 배고픔을 잘 아는 룰라는 기아를 없애고 최저 생계비 보장 제도를 마련했어요. 저소득층이 잘살면 소비를 촉진해 기업도 성장한다는 생각을 주장했고, 이는 높은 경제성장률로 나타났답니다.

잘사는 브라질을 만들다

사실 브라질은 300년이 넘는 오랜 식민 지배, 20년이 넘는 군사 독재 그리고 연 2,000%가 넘는 악성인플레이션의 1980년대 후반을 거치면서 쾌활하고 긍정적인 남미 특유의 국민성을 서서히 잃어 가고 있었어요. 당시 실제로 브라질 국민들은 '우리 국민들은 게을러', '우리는 뭉치질 못해', '브라질에는 미래가 없어'와 같은 자괴감에 빠져 있었지요.

실제로 룰라는 대통령이 되고 난 후 자긍심을 갖는 문제에 대해 매우 심각하게 고민했습니다. 2003년 4월 취임 후 넉 달이 지난 한 연설에서 이렇게 얘기한 적도 있어요.

"브라질이 단지 일자리와 임금, 기아 퇴치의 문제만 있는 건 아니더군요. 본질적으로 가장 중요한 건 1억 7천만 브라질 사람들의 자긍심을 회복하는 일입니다."

룰라는 자긍심이 말이나 연설로 심어지는 것이 아니라는 사실을 알고 있었어요. '아, 우리도 잘할 수 있구나', '세계와 겨룰 수 있구나' 하는 계기가 필요하다는 것을 절감했죠.

그는 브라질의 강점을 찾아내고 키웠습니다. 못하는 부분을 강조하면 주눅만 들 뿐, 경제적으로나 심리적으로 아무런 도움이 되지 않는다는 것을 알았어요. 그는 석유를 완전히 자급자족하는 데 목표를 두었습니다.

상파울루 주의 지아데마 시에서 연설 중인 룰라 대통령

룰라 대통령이 주택임대차 프로그램(PAR)의 수혜자들에게 주택을 제공하는 행사에서 연설하고 있는 모습이에요. 이 행사에서 주거지원 프로그램(PSH) 확인증과 가족기금 프로그램 '보우사 파밀리아'의 직불 카드 수여식도 함께 거행되었습니다.

브라질은 원유 매장량은 꽤 많지만, 원유를 정제하는 산업이 뒤처져 있었습니다. 룰라는 우리나라와 일본, 독일 등 원유 정제 기술을 가진 나라들을 끌어들여 브라질의 원유를 개발하고 이익을 나눠 갖는 정책을 펼쳤습니다. 결국 룰라 집권 3년 뒤인 2006년 브라질은 석유를 100% 자급자족하는 나라가 되었죠.

자원을 적극적으로 개발하고 수출하는 정책을 편 덕에 브라질은 1990년대에 IMF로부터 빌린 차관 중 155억 불을 약속된 시기보다 2년이나 빠른 2005년에 갚을 수 있었답니다.

이런 경제 부흥은 일자리를 풍성하게 했고, 소득이 늘어난 브라질 사람들은 특유의 낙관적인 성격을 서서히 되찾기 시작했습니다.

그리고 2014년 월드컵 유치, 2016년 하계 올림픽 유치라는 경사가 국민적 자신감을 심어 주었죠.

취임 후 '자긍심 문제'를 심각하게 얘기했던 룰라는 8년 후 대통령직을 떠나면서 재임 기간 중 자신의 가장 큰 업적을 묻는 말에 이렇게 답합니다.

"제가 대통령으로서 가장 잘한 것이 있다면 그것은 아마도 우리 브라질 국민이 모두 '자랑스러운 브라질 사람이라는 자긍심을 갖게 한 것'일 겁니다."

기아 제로(Fome Zero)

'기아 제로'는 먹거리 안정을 위해 브라질 연방 정부가 2003년부터 실행한 기아 퇴치 프로그램이에요. 예를 들어, 정부는 지역사회에 공동 옥수수 정미소를 마련해서 농민들이 설비를 공유함으로써 비용을 줄일 수 있도록 했고, 도시에는 몇몇 대중식당을 지정해서 저임금 노동자들이 저렴하면서도 영양가 높은 식사를 할 수 있도록 지원했어요. 이처럼 연방 정부는 기아와 식량 안보 등에 직결되는 문제점들을 해결하기 위해 기존의 30개가 넘던 각종 프로그램을 통합해서 영부인이 직접 관장했습니다.

세계은행의 총재였던 비노드 토마스 씨는 2003년 2월에 이 프로그램을 지원하기 위해 브라질 정부에 미화 5억 500만 달러를 제공하면서 "브라질이 매우 어려운 국제 상황 속에서도 사회적 책임을 다하기 위해 과감한 사회정책을 실행하는 등 역사상 가장 큰 경험을 시도하고 있다"고 찬사를 보냈답니다.

하지만 기아 제로 프로그램을 진행하는 과정에서 문제점도 드러났어요. 2003년에 세계은행의 라틴아메리카&카리브 담당자였던 다비드 지 페한찌는 프로그램의 목적이 불분명하며 브라질 정부가 가난과 사회적 불평등 문제에 제대로 대처하지 못한다고 비난했어요. 그리고 2005년 3월에 브라질의 한 연방하원의원은 아마존 서남부 지역인 마뚜그로쑤두술 주의 도우라두시에서 여러 원주민 인디오 어린이들이 영양실조로 사망한 것을 예로 들면서 이 기아제로 정책의 전면 수정을 요구했고, 룰라 정부는 그 이후 이 프로그램을 일명 '보우사 파밀리아'라는 가족기금 프로그램으로 대체하여 대성공을 거두었습니다.

보우사 파밀리아(Bolsa Família)

'보우사 파밀리아'의 뜻이 뭘까요? 바로 '가족 수당'을 의미해요. 이름에서도 알 수 있듯이 보우사 파밀리아는 현금으로 가난한 사람들을 지원하는 프로그램이에요. 2003년에 룰라 정부가 들어서면서 기존의 교육·가스·식량 지원 제도 등과 같은 사회 프로그램들을 '기아 제로' 프로그램과 통합해서 만든 것이에요.

가족 구성원 한 명당 월 소득이 140헤알(약 6만 5,000원) 이하인 가정에 정부가 생계비를 지원하는데요(2010년 기준). 해당 가정은 현금처럼 쓸 수 있는 직불 카드를 받게 돼요. 지원받는 액수는 자녀의 수와 나이, 가족의 소득 등에 따라 22헤알에서 200헤알까지 다르답니다. 그런데 이 지원금은 저소득 가정이라고 해서 무조건 주지 않았어요. 일정한 조건을 만족시켜야 했지요. 그건 바로 자녀(6~15세)의 학교 출석률이 85% 이상(15~17세는 75%)이라는 증명서와 자녀의 백신 접종 증명서를 제출해야 한다는 거예요. 왜 이런 조건을 만들었을까요?

지원금 일부는 반드시 아이들의 교육과 건강을 위해 쓰도록 하려는 거예요. 가난해서 학교에 다니지 못하면 교육을 받지 못해 문맹자가 되기 쉽지요. 그렇게 가난이 대물림되는 악순환을 막고. 또 제때 백신을 맞지 못해서 일찍 사망하는 어린이가 생기는 것을 미연에 방지하고자 하는 것이에요.

처음에 이 프로그램은 주 정부와 시 정부들 가운데 원하는 곳에서만 실시했었는데요. 2단계 사업이 본격화된 2011년부터는 전국으로 확대되었습니다.

세계은행은 약 5,000만 명의 사람들에게 혜택을 주는 이 사회프로그램이 '세계에서 가장 효율적인 사회 보호 프로그램 중 하나'라고 평했어요. 3,000여만 명의 국민을 중산층으로 끌어올린 이 프로그램은 신자유주의의 가장 큰 문제점으로 꼽히는 빈부 격차의 해소를 위해 국가가 할 일이 무엇인지 잘 보여 줬을 뿐만 아니라, 현실과 실용을 앞세우는 룰라의 통치 이념을 잘 보여 준 사례라고 할 수 있습니다.

이 프로그램은 현재 미국의 뉴욕 시에도 도입(Opportunity NYC)되어 약 5,000 가구가 혜택받고 있습니다.

세계가 부러워하는 지도자로

세계의
정치 지도자로

"모든 업적은 중학교 밖에 나오지 않은 노동자를
대통령으로 뽑아 준 국민에게 돌아가야 합니다."

롤라 퇴임 연설 중

집권 8년만에 브라질을 경제 대국으로 만든 롤라는 세계 무대로 진출했어
요. 원칙과 타협을 통해 협상하자는 롤라의 정신은 세계 무대에서도 변하
지 않았어요. 신자유주의의 물결을 거스를 수는 없지만, 국가의 개입은 필
요하다는 롤라의 주장은 협상과 타협의 대가다운 발언이었어요. 브라질 국
민들은 현실과 이상을 적절하게 배합한 롤라의 지도력을 사랑했습니다.

롤라, 소통의 리더십을 보여 줘

세계 무대에 서다

룰라는 대통령에 취임한 직후인 2003년 1월 26일, 다보스 포럼 Davos Annual Meeting에 참석했습니다. 다보스 포럼은 전 세계 경제·정치 지도자들이 매년 스위스의 다보스에 모여 세계 경제 발전 방안 등에 대하여 논의하는 것이에요. 룰라는 다보스포럼에서 기조연설을 했어요.

"저는 태어난 지 한 살이 될 때까지 죽지 않으면 기적이라던 곳에서 태어났습니다. 그런데 저는 죽지 않고 대통령이 되었습니다. 여러분들은 앞으로 제가 브라질의 이익을 위해 열심히 싸우는 대통령이라는 말을 자주 듣게 될 것입니다."

룰라 대통령의 세계 무대 진출은 이렇게 시작되었답니다. 처음에는 자국의 이익을 지키는 데 전력을 다했고, 차차 급변하는 세계의 상황에 맞추어 자신의 정치력을 선보이기 시작했습니다.

세계 공통의 문제에 대해서도 룰라는 원칙과 타협의 정신을 강조했어요. 2006년 5월 3일 국제노동기구의 제16차 아메리카지역분과회의 개막 연설에서는 이렇게 소신을 밝히기도 했죠.

"볼리비아와의 전쟁을 합리화하기 위해 볼리비아로 쳐들어가서 그들이 숨겨 놓았을 법한 무기를 찾으려고는 하지 않을 것입니다. 저는 정치를 합니다. 저는 정치가가 되기 훨씬 전에 협상하는 법을 배웠습니다. 우리의 견해 차이는 협상 테이블에서 대화를 통해 사라질 것입니다."

이것은 미국의 조지 W. 부시 대통령이 이라크가 생화학 무기와 핵무기를 숨겨 놓고 있다는 핑계를 들어 이라크를 침공하였던 것을 비꼬아 표현한 것입니다.

룰라는 여러 나라를 방문하며 국가 원수들과 많이 만났는데 세계의 쟁점에 대해서 늘 자신의 신념을 보여 줬고, 강대국의 무례와 무력시위를 비판하면서 세계 무대의 지도자로 떠올랐어요.

아프리카를 다섯 차례나 방문했고, 브라질을 유엔의 안전보장 이사회 회원국이 되게 하려고 세계 각국의 정상들을 빠짐없이 만났어요.

2005년엔 아랍·중남미 정상회담을 수도 브라질리아에서 개최했고, 2003년엔 32개국, 2004년엔 22개국, 2005년엔 28개국을 각각 공식 방문했답니다. 이러한 방문을 위해 그는 3년간 172일을 해외에서 보내는 진기록을 세우기도 했습니다.

대화를 즐기는 천성에다가 책상에 앉아서 문제를 고민하기보다는 일대일로 만나서 문제를 해결하려는 그의 통치 철학이 그대로 반영된 것이었어요. 그 결과 브라질과 세계 각국의 교류는 더욱 활발해졌고, 경제면에서도 세계 8위에 오르는 놀라운 기적을 일으켰죠. 물론 유엔 안전보장이사회 비상임이사국 자리에도 당당히 들어가게 됐답니다.

룰라는 신자유주의 정책에 대해서 명확한 자기 소견을 갖고 있

멕시코 전 대통령, 펠리페 칼데론과 함께 (2007)

미국 대통령, 버락 오바마와 함께 (2009)

었고, 세계 정상을 만날 때마다 의견을 밝혔죠. 룰라는 신자유주의는 거스를 수 없는 대세지만 국가가 적극 개입하여 부작용을 최소화해야 한다고 역설했어요.

스스로 '기아 제로' 정책이라든가 '보우사 파밀리아' 정책을 펴서 극빈층을 구제했고, 이를 통해 가난한 사람들에게 소비 여력이 생기자 브라질의 자동차, 가전제품 회사들이 경쟁력을 가지게 되었음을 사례로 제시했죠. 사람을 설득하는 데 성공의 경험만 한 게 없을 테니까요.

사실 룰라는 대통령이 되기 전부터 세계 공통의 문제에 관심이 많았어요. 선진국 연합체가 신흥국들의 의견을 대변하지 못한다고 여겨 2001년에는 다보스 포럼의 라이벌 격인 '세계 사회 포럼World Social Forum'을 주도하기도 했지요. 그때 룰라가 내세운 '다른 세계는 가능하다'라는 표어는 많은 신흥국에게 신선한 충격을 주었죠. '세계 사회 포럼'은 신자유정책이 낳고 있는 각종 문제점들을 지적하고, 그 대안을 마련하고자 노력한 경제 포럼이었답니다.

룰라는 신자유주의라는 세계적 흐름을 거스르지 않으면서도 인류의 행복을 위해 새로운 대안을 끊임없이 찾고자 노력했어요. 이상과 현실을 아주 절묘하게 버무린 지도자였죠.

그가 대통령직을 물러나면서 브라질 국민뿐만 아니라 세계 각국으로부터도 찬사를 받은 것은 룰라의 이런 면 때문이었습니다.

©Ricardo Stuckert/PR

룰라 대통령과 영부인 마리자

대통령은 왕일까?

"짐은 곧 국가다." 프랑스의 왕이었던 루이 14세가 한 말이에요. 그만큼 왕이 절대적인 권한을 갖고 한 나라를 통치하던 시대도 있었어요. 그럼 국가 원수인 대통령도 루이 14세처럼 모든 걸 마음대로 할 수 있을까요?

정답은 "노"! 대통령이 나라를 대표하는 최고 지위에 있는 건 맞아요. 대통령은 모든 외교 행위에서 국가 대표자가 되고요. 국경일을 맞아 범죄자를 풀어 주는 사면권을 갖고 각 분야에서 업적을 쌓은 사람에게 각종 훈장과 표창을 수여할 수 있어요. 그중 제일 중요한 것은 대통령이 행정부의 수반이라는 점이에요. 국무총리와 각 부처의 장관을 임명하고 행정권을 통솔하는 사람이 바로 대통령이거든요. 또 대통령은 국가의 안보를 책임지는 국군통수권자이기도 해요. 대통령은 국방부 장관과 군대의 지휘관을 세워 군을 지휘하고, 국가가 긴급한 상황에는 계엄령이나 긴급명령을 선포할 수 있습니다. 사법부인 법원에서도 대통령은 국회의 동의를 받아 대법원장과 대법관을 임명하고 필요하다면 국내 여론과 정세를 수렴해 헌법 개정을 발의하고 이를 국민투표에 부칠 수 있어요. 입법부인 국회와 대통령은 상호 보완적인 관계예요. 대통령은 국회가 만든 법을 집행하는 사람이지만 법이 마음에 들지 않을 경우 거부권을 행사할 수 있거든요. 반대로 국회는 대통령이 법이나 도덕적으로 어긋나는 행동을 했을 때 투표를 통해 대통령 자리에서 물러나게 할 수 있어요. 이를 '탄핵 소추'라고 해요. 대통령이 법적으로 최고 지위에 있는 건 맞지만, 왕의 권한을 가질 수 없는 이유가 여기에 있어요. 대통령의 모든 권한은 법으로 정해 놓았기 때문입니다. 법을 만들고 감시하는 기능은 국회에 있습니다.

대통령제를 보장하는 의사정족수와 의결정족수

출석 인원이 적어 텅 빈 국회 회의장. TV 뉴스에서 한 번쯤 본 적이 있을 거예요. 시민단체는 해마다 국회의원들의 회의 출석률을 평가하는데요. 그 이유는 국회는 일정한 인원이 회의에 참석해야 성립되기 때문이랍니다. 회의가 성립되기 위한 최소한의 출석 인원수를 '의사정족수'라고 하는데요. 국회 본회의는 국회의원의 5분의 1 이상이 참석해야만 열릴 수 있어요. 그리고 특별한 규정이 없는 이상 국회의원 절반 이상이 참석하고 참석자의 절반 이상이 찬성해야만 의결되는 데 이를 '의결정족수'라고 합니다. 하지만 국무총리나 국무위원을 해임할 경우에는 전체 의원의 3분의 1 이상이 발의해서 참석 인원의 절반 이상이 찬성해야만 해요. 마지막으로 국회의원은 대통령을 탄핵할 수 있는데 이는 전체 국회의원의 반 이상이 발의하고 그중 3분의 2 이상이 찬성해야만 가능해요. 이는 국회의원이 쉽게 대통령을 탄핵하지 않도록 하기 위해서입니다.

대통령 견제 장치에는 또 무엇이 있을까요?

대한민국에서는 대통령의 독재를 막기 위해 단임제를 정했어요. 연임이 가능한 미국이나 정권 교체 전까지 통치가 가능한 의원내각제의 수상과 달리 한국의 대통령은 5년 동안만 임기를 수행한답니다. 그리고 대통령이 중요한 일을 결정할 때는 꼭 국무회의의 심의를 거쳐야 해요. 국무회의는 정부의 주요 정책을 심의하는 행정부 최고 기관을 말하는데요. 대통령과 국무총리, 각부 부처 장관들이 참여해 회의를 한답니다. 그리고 국회의원은 투표 결과에 따라 대통령을 탄핵할 수 있어요. 그래도 사후 견제보다 중요한 것은 대통령 자격이 있는 사람을 국민이 선발하고 감시하는 일이겠지요.

5

룰라처럼
정치가를 꿈꾼다면

정치가가 되려면...

회의장에서 몸싸움하는 의원들, 숱한 구설에 시달리다 결국 불명예스럽게 사퇴하는 장관과 총리에 이르기까지, 우리는 그간 국민의 신임을 얻는 데 실패한 정치가들을 많이 봐왔어요. 의미가 퇴색되기는 했지만 '정치'란 말 그대로 우리가 사는 세상을 바르게 다스리는 거지요. 대한민국을 올바르게 다스리는 정치가가 되려면 무엇이 필요할까요?

꼭 대학을 나와야만 하나요?

그렇지 않아요. 이 책의 주인공인 브라질 대통령 룰라도 그렇고 한국의 몇몇 전직 대통령의 사례를 봐도 대학교육이 정치가가 되는 데 큰 영향을 주지는 않는답니다. 하지만 대학에서 법학이나 정치외교학을 전공하면 정치 이론을 공부할 수는 있어요.

어떤 자질이 필요할까요?

독립 운동가이자 해방 전후 정치가였던 여운형 선생님이 정치가로서 갖춰야 할 소양에 대해 쓴 글을 소개할게요.

첫째로 진실하시오.

스스로 거짓이 없고 남을 속이지 않는 것이 정치가가 되는 데 절대적 조건입니다.

둘째로 남을 잘 싸안으시오.

정치는 혼자 하는 것이 아니요. 대중과 함께하는 것이므로 싸안는 힘이 커야 하고 뭇사람과 동무하는 데 재미를 가지고, 자기의 이익을 희생하는 데 기쁨을 가져야 합니다.

셋째로 용감하십시오.

정치는 쉬운 일이 아닙니다. 여러 가지로 어려운 일이 많은 것이므로 용감하여야 합니다. 그러므로 동무와 놀 때도 그 동무를 늘 보호하여 주고, 동무 사이에 시비가 생겨 다투거든 옳고 그른 것을 가려 가며 용감히 싸워야 합니다.

넷째로 꾸준하시오.

정치는 "잽"이 아닙니다. 나라나 민족을 백 년이나 천 년을 두고 발전시키는 일이므로, 쉬지 않고 끝까지 최선을 다하여 끈기 있게 가지고 나아가는 정신이 있어야 합니다. 어려서부터 무슨 일에든지 이러한 꾸준한 힘으로 나아가는 정신을 기르시오.

다섯째로 욕심을 내지 마시오.

정치에 개인주의나 이기주의는 절대로 금물입니다. 사사 이익을 생각하는 이는 절대로 정치가가 될 수 없습니다. 그러므로 어려서부터 남이 가진 물건을 탐내거나 남의 좋은 물건을 바꿔 달라거나 하는 일을 하지 마시오.

〈주간 소학생〉 1947년 6월호

롤라처럼 정치가를 꿈꾼다면

어떤 준비가 필요할까요?

우선 자기가 일하는 분야에서 최선을 다하세요. 룰라 대통령의 경우 학력은 중학교 졸업이지만 노동 운동에 헌신한 운동가였지요. 한국의 경우 의사나 법조인, 예술인 등 전문 분야 출신 국회의원들이 관련 법 제정과 행정 개혁에 앞장서는 경우가 늘고 있어요. 그리고 언론 매체에 나오는 시사 분야에 꾸준히 관심을 두고 공부하는 게 좋아요. 언론에 나오는 이야기를 그대로 받아들이기보다는 비판적으로 보아야 해요. 보수와 진보 성향의 매체를 골고루 읽어서 자신의 생각을 정립해 보세요. 또 개인 블로그나 홈페이지에 자신의 의견을 써서 다른 사람들에게 알려 보세요. 국회나 정당, 청와대 등 정치 관련 사이트에 의견을 주장해도 좋고요. 사이버 정당을 개설하거나 가입해서 활동하면 정치를 좀 더 쉽게 경험해 볼 수도 있습니다.

마지막으로

고 김대중 대통령은 저서 《행동하지 않는 양심》에서 "나는 야당도 아니고, 여당도 아니라며 정치와 관계없다고 자랑스럽게 말하는 사람은 그것이 중립적이고 공정한 태도인 양 점잔을 뺀다. 그러나 이런 사람들은 악을 악이라고 비판하지 않고, 선을 선이라고 격려하지 않는 자들이다. 비판을 함으로써 입게 될 손실을 피하기 위해 자신의 양심을 속이는 기회주의자들이다. 행동하지 않는 양심은 악의 편이다."라고 말했습니다.

　세상에 정치가는 많지만 양심 있는 정치가는 드물어요. 만약 여러분이 정치가가 되고 싶다면 우선은 주변에서 벌어지는 불의에 대해 깊이 생각하고 행동할 줄 알아야 해요. 양심에 근거한 신념이 확고한 사람만이 좋은 정치가가 될 수 있으니까요.

청소년기부터 주인 의식과 사회 참여 연습이 필요해요

_윤지희 대한민국청소년의회 사무국장

정치의 중요성은 누구나 알지만 직접 참여하기는 어렵습니다. 특히 청소년들은 교과서나 언론 매체로만 정치를 접하게 되는데요. 이런 수동적인 방식에서 벗어나 직접 정치를 공부하고 스스로 청소년의 권리를 찾아가고자 모인 단체가 있습니다. '대한민국청소년의회'를 소개합니다.

Q1. 대한민국청소년의회는 어떤 단체인가요?

대한민국청소년의회(2014년 6월 현재 의장 이광주)는 유엔아동권리협약(12조)과 대한민국청소년헌장(문화관광부/1998년 제정) 등 청소년 사회 참여를 바탕으로 2003년에 출범했어요. 청소년들이 자신들의 목소리를 사회에 당당히 드러내고 더 나아가 국가 정책에까지 반영될 수 있도록 다양한 활동을 하고 있지요. 2010년부터는 청

청소년학교 171

소년이 인권을 스스로 보호할 수 있도록 국가 기관에서 독립한 법인 단체가 되었고, 현재 제6대 청소년 의원 100명과 제3기 청소년 기자단 300명, 제3기 청소년 비평단 300명이 활동하고 있습니다.

Q2. 대한민국청소년의회가 추구하는 목표는 무엇인가요?

대한민국청소년의회의 목표는 청소년을 바라보는 우리 사회의 인식을 바꾸는 것이에요. 아직도 많은 사람이 청소년을 미숙하고, 사회 문제에 관심을 버리고 공부만 해야 하는 존재로 여기고 있어요. 하지만 청소년도 엄연한 사회의 구성원이고 그들의 목소리에 귀 기울여야 해요. 또 이들이 성인이 되었을 때 정치적 무관심에서 벗어나 적극적으로 사회 문제에 참여하고 시민으로서 권리를

평화로운 남북관계를 위해서는 통일에 대한 국민적 합의가 필요합니다.

제 10회 토론·토의대회 (국제 분야)

정당하게 행사하려면 청소년기부터 주인 의식과 사회 참여 연습이 필요해요.

이를 위해 청소년의회에서는 사회 문제를 주제로 대안을 제시하는 정책토론(토론·토의대회)을 진행하고 있어요. 청소년들이 함께 원인을 파악하고 제시하는 대안을 보면, 미처 어른들이 생각하지 못한 참신한 해결책이 참 많아요. 하지만 투표권이 없다는 이유로 많은 정치가들이 청소년 문제에는 무관심한 게 사실이에요. 대한민국청소년의회에선 현직 국회의원실과 연계해 청소년 지원 행사를 진행하고 있는데요. 이를 통해 청소년 문제에 귀 기울이는 정치가들이 많아지면 좋겠습니다.

● 토론·토의 주제

의료민영화에 대한 당신의 생각은? / 경쟁과 협력, 공교육 정상화를 위한 교육 방법 대책은? / 경제개발과 환경보존의 공존은 가능한가, 한국 사회가 우선시해야 하는 가치에 대해 / 복지국가 대한민국을 향해(무상급식, 무상교육, 그외 복지정책) / 학교 폭력을 근절시킬 실질적인 대책은 무엇인가 / 청소년 미혼모, 이대로 좋은가 / 현 대한민국의 청소년 관련법, 정책, 제도의 문제점을 지적하고 해결방안을 제시하라 / 선거권 연령인하, 청소년의 정치·사회 참여 활성화를 위한 올바른 길인가 / 대한민국의 양성평등을 위한 정책적 방향 제시 / 평화로운 남북 관계를 위한 정책을 제시하라 / 공교육 정상화를 위한 교육정책을 제시하라

Q3. 대한민국청소년의회는 어떻게 구성되어 있나요?

대한민국청소년의회의 전반적인 운영과 책임을 맡고 있는 '사무국' 산하에 '청소년 (국회)의원'과 '청소년 기자단', '청소년 비평단'이 주축이 되어 전국의 청소년들과 함께 1년 365일 활동하고 있습니다.

Q4. 청소년들은 선거권이 제한되는 등 사실 현 정치나 사회 문제에 적극적으로 참여하는 데 한계가 있습니다. 본 의회에서는 청소년들의 정치 참여를 활성화하기 위해 어떤 활동을 하고 있으신지요?

청소년들과 관련된 사회 문제에 대한 정책이나 교육 정책을 입법화하는 과정에 청소년들의 의사가 반영될 수 있는 통로를 마련하고 있어요. 특히 방학마다 열리는 정기회의와 임시회의에서 '교

제11회 정기회의

육감 선거 연령 인하'를 위한 입법청원을 준비하고 있고, 또 청소년들이 투표를 경험해 볼 수 있는 '모의투표권'을 부여하는 법안을 준비 중이에요.

청소년들이 국회의원이 되어 우리 사회에 필요한 법안을 제정하는 프로그램으로 올해까지 '제6대 청소년의원'을 운영하고 '제12회 정기회의', '제16회 임시회의'를 개최했어요. 또 청소년 기자단과 비평단에 취재비를 지원해서 그들이 사회의 다양한 현장에서 자신들의 생각을 글로 작성하도록 하고 있어요. 특히 연 2회 '의회매거진'을 전국 학교에 배포해서 더 많은 청소년들이 정치와 사회에 관심을 갖도록 유도하고 있습니다.

모의 투표권을 통해 청소년들이 사회, 정치 문제에 관심을 갖을 수 있고 그들의 의견을 간접적으로나마 반영할 수 있을 겁니다.

제16회 임시회의

Q5. 청소년의 힘만으로 의회를 구성하고 의회에서 논의된 내용이 사회에 공감을 얻으려면 진행상 어려움도 많을 것 같은데요, 어떤가요?

청소년의회에서는 '청소년들만의 자치 활동'을 지지하고 있어요. 처음에는 다른 연령층과 함께하려고 했지만, 그들의 이권이 개입되어 저희의 설립 취지에 어긋나는 경우가 많았어요. 또 청소년 중에는 '청소년의 사회 참여'에 대해 비관적인 시각을 가지고 있는 이들도 있었어요. 그들을 설득해 사회 문제에 관심을 가지고 함께 활동할 수 있도록 권유하는 것이 먼저라는 생각이 들었죠. 앞서 말씀드린 것처럼 청소년을 미숙한 존재로 보는 시각이 성인뿐만 아니라 청소년에게도 있다는 것이 가장 어려운 현실이에요.

그다음으로는 투표권이 없는 청소년의 의견이라는 이유로 현 정치권이 저희 단체에서 발의한 법안이나 성명서에 귀 기울여 주 지 않는 것입니다.

Q6. 의회 홈페이지에서 '전자민주주의'란 표현이 눈에 띄 었는데요. 구체적으로 무엇을 의미하나요?

의회 홈페이지(www.youthassembly.or.kr)를 기반으로 진행되는 '온 라인 투표'와 매년 방학에 진행되는 정기회의와 임시회의에서 이 뤄지는 '문자 투표'를 예로 들 수 있어요. 정기·임시회의에 참가한 청소년들은 정치법제, 지식경제, 문화방송통신, 외교통상, 학생권 익, 보건복지위원회별로 법안을 만들고 실제 국회의원처럼 상임 위회의, 본회의를 진행합니다. 그 과정에서 손을 들고 투표하는 것이 아니라 전자투표로 의사결정을 하게 되는 것이죠. 뿐만 아니 라 캠프 마지막날에는 항상 국회의사당 헌정기념관 대강당에서 입법청원을 하기때문에 실제 국회의원들이 회의하는 공간에서 의정체험을 할 수 있습니다.

전국 각지의 청소년들이 활동하고 있기 때문에 학기 중에는 오 프라인으로 만나기가 어려워요. 그래서 각 위원회별 회의도 '온라 인 회의장'에서 진행하고 있죠. 그리고 청소년 의원들의 대표인 '청소년 의장단'을 선출할 때도 홈페이지 온라인 투표 시스템을 통해 후보자들의 프로필과 공약을 확인하고 투표할 수 있어요. 실

제6대 의원총회 "청소년, 너의 목소리를 들려 줘"

제로 제5대, 제6대 청소년 의장단을 전국 청소년 5,000여 명 이상
이 참여한 온라인 투표로 선출했습니다.

수도권이 아닌 지방에 거주하는 학생들은 사회·정치에 관심이
많아도 대부분의 활동이나 행사가 서울에서 진행되기 때문에 참
여하지 못하는 경우가 많아요. 그래서 비수도권 청소년들을 대상
으로 온라인에서도 참여할 수 있는 프로그램들(청소년 기자단, 비평
단)을 운영하고 있는데요. 부산에서 "청소년, 너의 목소리를 들려
줘" 행사를 통해 6대 의원들과 일반 청소년들과 만남의 자리를 마
련했고, 청소년들이 또래 강연자가 되어 〈공감특강〉을 진행하는
등 특별한 시간을 가졌습니다.

학교 폭력 근절 캠페인(거리 홍보)

Q7. 청소년의회에서 쟁점화된 사건이나 논의가 있는지요?

2009년 선거권 연령인하 관련 법안을 국회에 제출했었고, 여러 사회단체와 협력하여 캠페인을 진행해 실제 선거권 연령 인하에 영향력을 발휘한 경험이 있어요. 2012년에는 학교 폭력이 심각한 사회 문제로 떠오르자, 5대 의원과 준의원들이 서울, 인천, 부산, 강원도 등 전국 각지에서 거리 홍보나 플래시몹을 하는 등 〈학교 폭력 근절 캠페인〉을 성공적으로 이끌었습니다. 최근에는 '세월호 사건'과 관련하여 경향신문, 월간중앙, EBS를 통해 '청소년에게 세월호 사건의 의미와 청소년이 기성세대와 우리 사회에 하고 싶은 말'에 대해 인터뷰를 진행했습니다.

Q8. 대한민국청소년의회에 참여하려면 어떤 절차가 필요한지 알려 주세요.

의회 홈페이지(www.youthassembly.or.kr)를 방문해서 여러 프로그램의 공지를 읽어 보고, 신청서를 다운받아 작성한 다음 이메일로 접수하면 되는데요. 프로그램 성격에 따라 전화 면접이나 오프라인 면접을 하는 경우도 있어요. 성적 제한이나 임원 경력 혹은 학교장 추천을 요구하지 않기 때문에 청소년의 권익 증진과 사회 문제에 관심 있는 청소년이라면 누구나 지원 가능합니다.

Q9. 민주주의나 정치에 대해 무관심한 일부 청소년들과 기성 세대에 하고 싶은 말이 있으신지요?

'청소년은 우리의 미래'라는 문구는 오래전부터 회자되어 왔어요. 하지만 청소년에 대한 관심과 그들의 목소리에 귀 기울이려는 노력은 크게 달라지지 않았습니다. 청소년도 엄연한 사회 구성원이고 그들에게는 청소년만의 참신한 시각으로 사회 문제 대한 해결책을 제시할 능력이 있어요. 청소년들은 스스로 가능성을 차단하거나 본인의 권익에 대해 무관심해서는 안 됩니다. 기성세대 또한 청소년기의 사회·정치 참여 경험이 그들이 건강한 민주사회의 시민으로 성장할 수 있다는 사실을 알고, 그들의 활동에 적극적인 지지를 보여 주시길 바랍니다. 감사합니다.

롤라처럼 정치가를 꿈꾼다면

영화 속 정치 이야기

　정치가의 신념은 한 국가의 미래를 결정합니다. 국가의 번영을 위해 국민의 희생을 감수할지 아니면 국민 개개인의 인권과 생존권을 지켜 낼지에 대해 정치가들은 항상 고민하지만, 대부분은 전자를 택하는 게 현실이지요. 영화 속 정치 이야기의 인물들은 신념 하나로 세상을 바꾸거나 반대로 국민은 물론 자신까지도 희생한 사람들입니다.

스미스 씨 워싱턴에 가다

MR. SMITH GOES TO WASHINGTON, 1939

감독 및 제작 | 프랭크 카프라

잭슨 시를 대표하던 상원의원이 임기 중 숨지자 주지사는 후임자를 뽑느라 동분서주합니다. 시의 또 다른 상원의원인 조셉 페인과 그의 후원자 짐 테일러는 주지사를 괴롭혀 이권이 걸린 댐 건설에 반대하지 않을 만한 정치 문외한 제퍼슨 스미스를 선발하게 되지요. 하지만 그들의 생각과 달리 스미스는 허수아비 정치가가 아니었어요. 그는 댐 건설 현장에 소년 캠프단을 만들기 위한 법안을 제출했어요. 뒤늦게 이를 안 조셉과 짐은 스미스에게 누명을 씌워 정치판에서 끌어내리려 합니다. 처음에는 모든 것을 내려놓고 떠나려던 스미스는 생각을 바꿔 자신에게 주어진 발언권을 최대한 행사하기로 하는데요. 댐 공사 저지와 자신의 결백을 증명하기 위해 장장 24시간의 의회 발언이 시작됩니다.

viewpoint | 특혜 관련 비리에 관한 신랄한 비판과 무제한 연설이 가능한 미국 특유의 의사 진행 방해 제도는 영화의 또 다른 볼거리랍니다.

데이브

DAVE, 1993

감독 | 이반 라이트만
출연 | 케빈 클라인, 시고니 위버

볼티모어에서 직업소개소를 운영하는 데이브 코빅은 미국 현직 대통령 빌 미첼과 너무나도 닮았어요. 그 덕분에 종종 지역 축제나 마트 행사에서 대통령의 닮은꼴로 아르바이트를 하며 돈을 벌기도 하죠. 그러던 어느 날, 미첼 대통령의 비서가 그를 찾아옵니다. 대통령이 은밀한 휴가를 떠나야 하는데, 그동안 대통령 노릇을 할 사람, 바로 데이브가 필요하다는 거예요. 하지만 갑자기 대통령이 뇌졸중으로 혼수상태에 빠지면서 데이브는 진짜 대통령 역할을 해야 하는 상황이 벌어집니다.

처음에는 대충 대통령 흉내나 내다가 돈만 챙겨 가려 했던 데이브는 차츰 일자리 만들기와 집 없는 아이들을 위한 주거 공간 확보 등 국민들을 위해 동분서주하는 진짜 대통령으로 변해 가는데요. 데이브를 허수아비로 만들어 실권을 챙기려는 권력층, 그리고 가짜지만 민심을 소중히 하는 마음만은 진짜인 데이브와의 한 판 승부! 과연 승자는 누가 될까요?

viewpoint | 가짜 대통령의 진짜 정치하기 프로젝트! 이권 챙기기에 급급한 권력층에 맞선 소시민 대통령의 민심 헤아리기는 과연 성공할 수 있을까요?

화씨 9/11

FAHRENHEIT 9/11, 2004

감독 및 출연 | 마이클 무어

"전쟁은 승리하는 것이 아니라 악순환되는 것이다." 소설가 조지 오웰의 이 말은 마이클 무어의 다큐멘터리 〈화씨 9/11〉의 주제가 되었어요. 마이클 무어는 9·11 테러 주범인 빈 라덴 일가가 FBI의 추적 없이 특별 전용기로 미국을 떠난 사실을 폭로합니다. 그 배후에는 백악관의 허락이 있었는데, 알고 보니 조지 부시 가와 빈 라덴 가, 사우디 정부 사이에 석유 사업과 돈이 얽혀 있었던 겁니다. 또한 9·11 사태가 있기 몇 달 전부터 알카에다 단원이 미국에 침투해 있다는 정보가 FBI에 보고됐지만, 부시 정부는 이를 무시했어요. 결국 미리 막을 수 있는 사태로 인해 3,000여 명의 무고한 생명이 희생됐어요. 그 무렵 부시 정부는 본인의 무능을 숨기기 위해 이라크를 침공하고 가난한 젊은이를 현혹해 전쟁터로 보냅니다.

이처럼 국가가 한 개인과 집단의 이익을 위해 움직이고, 이를 숨기려고 전쟁을 일으키는 것을 보면 '국가의 주인은 국민'이란 말이 무색하게 느껴집니다.

viewpoint | 대한민국 제1조 2항에는 '국가의 주인은 국민이다'가 명시되어 있습니다. 주인인 나의 권리를 누군가가 무시하려 할 때 우리는 어떻게 해야 할까요?

킹메이커

THE IDES OF MARCH , 2011

감독 | 조지 클루니
출연 | 라이언 고슬링, 조지 클루니

"그 분만 있다면 난 뭐든 할 수 있다." 천재 전략가이자 선거 캠프 홍보관인 스티븐에게 완벽한 그 분은 대선 경선 후보인 마이크 모리스 주지사입니다. 스티브의 눈에 그는 잘생긴 외모와 뛰어난 언변 그리고 깔끔한 사생활을 가진 이상적인 정치가였어요. 그를 당선 시키기 위해 스티븐은 철저하고 때로는 과감한 전략을 세우며 최고의 킹메이커가 됩니다. 모리스의 당선이 유력해지자 상대 후보 진영에서는 스티븐을 몰락시키려 하고, 그가 친구로 여겼던 〈타임스〉의 기자조차 적이 되어 스티븐을 압박합니다. 모리스에 대한 굳건한 믿음 하나로 버텨 온 스티븐. 하지만 인턴사원 몰리의 고백으로 그는 큰 혼란에 빠지게 됩니다.

이상적인 정치가인 줄 알았던 모리스의 치명적인 결함, 그리고 정치 현장에서 신념과 도덕보다 필요한 건 오직 승리뿐임을 깨닫는 순간, 스티브가 선택한 길은 무엇이었을까요?

viewpoint | 영화의 원제 〈The Ides of March〉는 '3월 15일'을 뜻하는 말로 로마의 브루투스가 시저를 암살한 날입니다. 이 영화에서 The Ides of March가 의미하는 주제는 무엇일까요?

철의 여인

THE IRON LADY, 2011

감독 | 필리다 로이드
출연 | 메릴 스트립, 짐 브로드벤트

철의 여인은 1980년대 영국 최초의 여성 수상이었던 마거릿 대처의 삶을 다룬 영화입니다. 그녀는 강력한 카리스마로 영국 총리를 세 번이나 연임한 수상이었지만, 정치가가 된 순간부터 그녀의 하루하루는 전쟁이었어요. 당시 영국은 기나긴 침체에 빠졌고, 강력한 정책이 필요한 시기였습니다. 영국의 오랜 불황을 타개하기 위해 그녀가 선택한 정책은 신자유주의와 공기업의 민영화, 재정 지출 삭감이었어요. 수많은 저항 속에서도 '영국이 살아야 국민도 살 수 있다'는 그녀의 신념은 변하지 않았어요. 하지만 그녀의 선택은 양극화와 복지 제도의 붕괴, 노동자의 몰락을 낳게 됩니다. 국민의 거센 저항과 각료들의 반대 속에 '누구나 자기 몫을 해야 한다'는 말을 남긴 채 그녀는 수상직을 떠납니다.

viewpoint | '국가'와 '국민'. 둘 중에서 영국 수상으로서 마가렛 대처가 선택한 것은 국가였습니다. 영국이 망하면 국민도 망한다는 게 그녀의 오랜 신념이었죠. 여러분이 1980년대 대처 시대의 정치가라면, 과연 어떤 선택을 했을 것 같나요?

룰라처럼 정치가를 꿈꾼다면

알기 쉬운 정치 도서

세상에 대하여 우리가 더 잘 알아야 할 교양 28 : 정치 제도

스콧 위트머 지음 | 이지민 옮김 | 시공주니어

그리스어로 '국민'을 뜻하는 Demo와 '통치'를 의미하는 Kratos에서 유래한 민주주의는 국민이 직접 다스리는 정치를 의미해요. 그리스의 작은 도시국가에서 사용하던 이 제도는  1990년대 소비에트 연방과 동유럽 공산 정권이 함께 무너지면서 가장 많은 나라에서 채택한 정치 제도가 되었지요. 하지만 우리가 알고 있는 민주주의가 가장 이상적인 정치 제도일까요? 민주주의가 최고의 정치 제도라면 왜 여전히 고통받고 싸우는 사람들이 존재하는 걸까요?

『세상에 대하여 우리가 더 잘 알아야 할 교양 28: 정치 제도』는 민주주의에 대한 근원적인 질문을 던지는 책입니다. 이 책에서 전세계를 지배해 온 정치 제도가 어떤 방식으로 진화해 왔는지 살펴볼 수 있습니다. 또한, 제1차 세계 대전 이후 전 세계를 강타한 파

시즘과 민주주의의 반대 지점에서 세상을 본 공산주의와 세계화 이후 좀 더 중요해진 국제기구의 역할도 자세히 알려 줍니다.

viewpoint | 민주주의란 가장 이상적인 정치 제도인가? 아니면 어리석은 자들의 중우정치가가?

청소년 정치 수첩

한대희, 크리스티네 슐츠-라이스 지음 | 신홍민 옮김 | 양철북

학내 규칙에 맞서 종교의 자유를 외치고, "안녕들 하십니까?"라는 말로 불공정하고 평안하지 못한 현실을 비판하는 요즘 청소년들에게 기성세대가 주장해 온 민주주의는 무의미한 것일지도 모릅니다. 크리스티네 슐츠-라이스가 쓴 『Nachgefragt: Politik』을 한국 실정에 맞게 다시 쓴 이 책은 나와 가족 그리고 친구들의 생활 곳곳에서 만나게 되는 실질적 민주주의를 이야기합니다. 저자는 지금의 10대를 6월민주항쟁 이후 태어나 민주주의를 경험한 '민주주의' 세대로 규정하고, 이들이 궁금해할 만한 95개의 질문과 그에 대한 답을 실었습니다.

viewpoint | 실질적 민주주의란 내가 인간으로서의 존엄성을 얼마나 지키고 있는지를 살펴보는 과정입니다. 과연 현실에서 우리의 존엄성은 얼마큼 지켜지고 있을까요? 이를 지키기 위해 우리가 알아야 할 일은 무엇일까요?

청소년, 정치의 주인이 되어 볼까?

이효건 지음 | 사계절

소수의 엘리트가 주도하는 사회, 돈 없고 백 없으면 살기 힘들다는 한국 사회에서 민주주의는 과연 희망적일까요? 어느 시대보다 높은 자격 조건과 학벌을 지닌 젊은이들이 희망보다는 절망을 먼저 배우는 현시대에 가장 필요한 것은 민주주의의 기본을 다지는 일일지도 모르겠습니다.

『청소년, 정치의 주인이 되어 볼까?』는 우리 사회에서 절실한 민주주의의 기본을 말하고 있어요. 이 책에서는 민주정치의 기원과 왕권 정치에서 벗어나 시민 정치의 초석을 만든 시민혁명, 그리고 선거권의 확대 등 정치 이론을 쉽게 설명합니다. 그리고 청소년들이 생활에서 겪는 사례를 풀어 민주정치가 뜬구름 잡는 이야기가 아니라 우리 생활 곳곳에 스며들어 있음을 주장하고 있어요.

viewpoint | 학교 매점이 하나여서 불편하다면 정당을 만들어라! 비싸고 맛없는 학생 식당을 개선하려면 이익 집단 활동을 해라! 정치는 이렇게 나의 권리와 재산, 그리고 인권을 지키기 위한 현실적인 이야기임을 아는 것이 이 책의 중요 포인트!

군주론

니콜로 마키아벨리 지음 | 강정인, 김경희 옮김 | 까치

르네상스 시대 피렌체의 정치가 마키아벨리가 지은 군주론은 민주정치와는 반대 지점에서 왕이 나아갈 길을 제시했어요. 한때 권모술수 주의를 옹호한 것으로 여겨 온갖 비난을 받아 온 책이지만, 현대 정치에서도 적용 가능한 이야기들을 담고 있습니다.

마키아벨리는 군주론에서 나라를 통치하는 군주는 문제를 가장 먼저 포착하고, 현실 문제를 항상 중시해야 한다고 조언했어요. 또 이 세상은 군주에게 완벽하고 고결한 삶을 살도록 내버려 두지 않기 때문에 너그러움과 인색함을 골고루 갖춰야 한다고 말하고 있어요. 여기서 나온 말이 '군주는 여우와 사자를 모범으로 삼아야 한다'인데요. "함정을 알아차리려면 여우가 되어야 하고, 늑대를 물리치려면 사자가 될 필요가 있다. 여우를 가장 잘 모방하는 사람이 가장 큰 성공을 거두지만, 여우 기질을 세상에 들켜서는 안 된다. 군주는 능숙한 사기꾼이자 위선자여야 한다."

1500년대 군주 정치론을 펼친 마키아벨리의 이야기는 어쩐지 요즘 현실과도 너무 잘 맞는 것 같지 않나요?

viewpoint | 16세기 피렌체 군주가 아닌 21세기를 살아가는 정치가를 위한 책으로 봐도 손색없는 고전의 힘!

청소년을 위한 정치 이야기

도리스 슈뢰더-쾨프 외 엮음 | 박종대 옮김 | 다른우리

누구나 한 번 쯤은 궁금해하지만 쉽사리 답 할 수 없는 정치 이야기들이 있습니다. 게르하 르트 슈뢰더 독일 수상의 부인인 도리스 슈뢰 더 쾨프가 엮은 『청소년을 위한 정치 이야기』 는 시시콜콜한 정치적 의문들을 재미있게 풀  었습니다. 특히 이 책에서 주목할 점은 왕의 신하에서 국가의 주 인으로 변신한 국민의 역할을 강조하고 있다는 점이에요. 세금은 세금대로 물고, 전쟁에는 반드시 참여하며, 불만이 있어도 아무말 도 할 수 없었던 사람들이 민주주의 국가의 국민이 되자 할 일이 많아졌거든요.

필자는 국가는 비싼 세금을 내는 국민들을 위해 봉사할 의무가 있으며 혹시라도 이를 착각하는 공무원이 있다면 단호히 처벌해 야 한다고 말합니다. 그리고 선거는 이를 판별하기 위한 수단임을 잊지 말아야 한다고 이야기하고 있어요. 이 책은 독일과 유럽의 정치를 다룬 정치 입문서지만, 민주주의 국가가 된 지 60여 년이 되어가는 지금, 과연 국가의 주인이 누구인지 혼란스러운 한국 사 회에 민주주의의 본질이 어디에 있는지 알려 줍니다.

viewpoint | 독일과 대한민국의 정치는 어떻게 다를까요? 똑같은 민주주의지만 조금은 다른 두 나라의 정치 제도를 한번 비교해 보세요.

정치학으로의 산책

21세기 정치연구회 엮음 | 한울아카데미

버스나 지하철을 타고 학교에 가거나 교실에서 공부하는 여러분의 일상은 모두 정치와 연결되어 있어요. 도로 교통 정책이나 교육제도를 바꾸면 여러분의 생활에도 큰 변화가 일어나기 때문입니다. 이렇게 우리 생활 곳곳에 있는 정치를 우리는 너무 어렵게 여기거나 무관심하게 보고 있지는 않나요?

정치학 교수들의 모임인 21세기 정치연구회에서 엮은 『정치학으로의 산책』은 세계화와 녹색 정치 등 이슈가 되고 있는 정치 현상을 한국의 정치 변화에 비춰 쉽게 풀었어요. 오래된 역사와 문화만큼이나 차이를 보이는 동서양의 정치 관념을 소개하는 한편, 성과 사이버 공간 그리고 환경과 정치의 연관성을 쉽게 설명하고 있습니다. '정치'라는 이름의 공원에는 역사와 문화, 과학, 예술 등 우리가 접하는 모든 꽃들이 자라고 있습니다. 그 다양한 정원 속을 한번 산책해 보는 건 어떨까요?

viewpoint | 우리 생활 곳곳에 알게 모르게 정치와 연관되어 있는 것들을 찾아보기!

세기의 대통령

롤라는 브라질의 민주화와 경제 성장을 이룩한 대통령입니다. 이 세상에는 룰라처럼 위기에서 국가와 국민 모두를 지켜 낸 정치가들이 있습니다.

프랭클린 루스벨트 (1882~1945)

미국의 32대 대통령 프랭클린 루스벨트는 대공황과 제2차 세계 대전을 모두 겪은 대통령이었어요. 루스벨트는 국가 주도의 경제 부흥 정책인 뉴딜정책을 성공함으로써 오랜 불황에 빠진 미국을 다시 일으켰지요. 미국 역사상 유일하게 네 번이나 대통령직에 당선된 그가 더욱 존경받는 이유는 정치가 생활 중에 소아마비 진단을 받았지만, 절망하지 않고 다시 일어섰다는 점이에요. 뼈를 깎는 고통 속에 재활 치료를 하고 두 다리로 다시 걷는 순간, 그는 정계로 돌아왔어요. 대통령이 된 이후 그는 제2차 세계 대전 당시 연합군에 동참해 독일과 이탈리아, 일본을 상대로 큰 승리를 거두었어요. 아쉽게도 종전을 보지는 못했지만, 그는 사망 직전까지도 세계 평화를 위한 국제 조직을 구상했고, 그의 꿈은 국제 연합을 결성하는 데 큰 힘이 되었습니다.

넬슨 만델라 (1918~2013)

넬슨 만델라는 남아프리카공화국에서 평등 선거가 시행된 이후 처음으로 뽑힌 세계 최초 흑인 대통령이에요. 그전까지 남아프리카공화국은 백인과 흑인 차별 정책(아파르트헤이트)으로 유명한 나라였어요. 대통령이 되기 전에 그는 반아파르트헤이트 운동을 펼친 민족 지도자였어요. 반역죄로 체포되어 종신형을 받았지만, 26년 만에 출소했어요. 1993년에 그는 아파르트헤이트 폐지에 대한 공로를 인정받아 노벨평화상을 받았어요. 그리고 이듬해인 1994년에 국민적 지지를 받으며 대통령이 되었답니다.

취임 후 그는 '화해'와 '용서'를 강조하는 과거사 청산을 시행했어요. 인종차별 시절 온갖 잔인한 방법으로 흑인을 탄압한 가해자가 진심으로 잘못을 고백하면 사면해 주었고, 인종차별에 맞서

다 죽은 흑인들 또한 잊지 않았어요.

만델라는 또한 흑인과 백인 두 계층의 격차를 줄이기 위해 경제 부흥개발계획을 펼쳤습니다.

레흐 바웬사 (1943~)

©Slawek

브라질 대통령 룰라와 비슷한 행적을 밟은 레흐 바웬사 전 폴란드 대통령은 공산국가 폴란드에서 최초의 자유 노조 '연대'를 세우고 노동운동에 헌신했어요. 평범한 전기공이었던 바웬사는 1970년 정부의 생활필수품 가격 대폭 인상에 저항한 노동자들이 군인에게 짓밟히는 광경을 본 후, 정부의 통제를 받지 않는 노동조합을 결성하려 했지만 실패합니다. 정부와 사업주의 탄압으로 무려 4년 동안이나 취업하지 못하고 노동운동에 전념하던 그는 1980년 조선소 파업을 주도하면서 대정부 투쟁에 나서게 돼요. 1983년 그는 노동자 최초로 노벨평화상을 수상하지만, 폴란드 정부의 비난 속에 원치 않는 망명을 하게 될까 봐 부인이 대신 수상하기도 했습니다. 바웬사가 갈망하던 자유 노조 설립은 폴란드 구 공산 정부의 계엄령 선포로 난항을 겪지만, 1989년에 가서야 합법적인 노조로 지위를 회복하게 됩니다.

이렇게 노동운동에 전념하던 그는 1990년 초대 직선 대통령에 당선됐지만, 동유럽 자유화 이후 불어 닥친 경제 불황을 막을 수는 없었어요. 실업 증가와 경제난으로 국민들의 반감이 커지자 그는 전 공산단원이었던 A.크바스니에프스키에게 정권을 내주고, 미련없이 옛 직장의 전기공으로 돌아갔어요. 바웬사 대통령은 경제 성장에는 실패했지만 공산국가 폴란드의 노동자들에게 자유와 투쟁의 힘을 불어 넣어 준 대통령으로 기억될 것입니다.

타르야 할로넨 (1943~)

핀란드의 '국민 엄마'로 불리는 타르야 할로넨은 국민의 행복을 정치의 가장 큰 목표로 삼은 대통령이에요. 할로넨은 1977년 헬싱키 시의원으로 정계에 입문해서 2000년 대통령 선거에 출마해서 당선되었고, 국민들의 높은 지지를 얻어 2012년까지 연임했어요. "나의 목표는 국민의 행복이고, 내가 가진 단 하나의 기준은 국민입니다."라는 말로 국민과의 소통을 중시했던 그녀는 재임 기간 내내 진정한 리더의 모습을 보여 주었습니다.

그녀는 노동자와 소수자의 인권을 존중하는 인권 대통령이기도 했어요. 동성애 금지법을 폐지하고 노동자의 권익 보호를 주요 정책으로 다뤘어요. 할로넨의 '국민중심주의' 신념은 경영자 협회 대표와의 협상에서도 드러났어요. 그녀는 핀란드를 사업하기 좋은 국가로 만드는 것이 국민 모두에게 좋은 것은 아니며 기업의 이익이 국민 전체에 이익으로 이어질 방법을 고민하자고 했답니다. 그녀의 국민중심주의 정치는 재임 기간은 물론 퇴임 직후까지도 국민 지지율 80%란 경이적인 기록을 낳았습니다. 할로넨은 당장의 이익보다는 국민의 마음을 어루만지는 게 더 중요했고, 때로는 어머니 같이 자상하게, 신념 앞에서는 누구보다 더 결단력 있게 핀란드 정부를 이끌었던 국민 대통령이었습니다. 할로넨이 대통령으로 재임할 시기에 핀란드는 국가 청렴도 1위, 국가 경쟁력 1위라는 성과를 거두었답니다.

김대중 (1924~2009)

1924년 전남 신안에서 태어난 김대중 대통령은 1960년 민의원 당선을 시작으로 정계에 입문했어요. 1971년 신민당 대통령 후보로 박정희 전 대통령과 겨루지만 패배했습니다. 그는 박정희 대통령의 유신 독재 정치에 항거하여 미국과 일본에서 민주화운동을 하다가 1973년 도쿄의 한 호텔에서 중앙정보부 요원에게 납치되어 죽을 고비를 넘깁니다. 국제적으로 큰 비난을 받은 이 사건은 한국 정부가 일본 정부에 사죄하고 그를 풀어 줌으로써 일단락됐지만, 김대중에 대한 한국 정부의 탄압은 계속됐어요. 1978년 그는 내란 음모죄로 사형선고를 받아 복역하다 4년 후에야 풀려났습니다.

정계 복귀 이후 대통령 선거를 향한 그의 도전은 계속됐지만, 야당 후보가 대통령이 되는 것은 쉽지 않았어요. 1997년 드디어 그는 제15대 대통령 선거에 당선됩니다. 한국 정치사상 처음으로 혁명이나 쿠데타 없이 시행된 여야 정권 교체였습니다. 하지만 당시 한국의 상황은 좋지 않았어요. 사상 초유의 경제 불황과 IMF 관리 체계의 외환 위기까지 대통령 김대중이 극복해야 할 임무는 막중했답니다. 그는 기업의 구조 조정, 국가 재정과 금융의 긴축, 그리고 대외 개방으로 위기를 극복하려 노력했습니다. 특히 통일 분야에서 김대중 대통령의 성과는 분명했어요. 2000년 6월 김정일 국방 위원장의 초대를 받아 6·15 남북공동선언을 이끌어 냈거든요. 그 이후 북한과의 화해 그리고 한국의 민주주의와 인권 향상을 위해 노력한 공로로 대한민국 최초로 노벨 평화상을 수상했어요. 대통령으로서의 업적은 세월이 좀 더 지난 뒤에 평가되겠지만, 그가 독재에 저항하다 납치와 고문, 사형 판결 등 온갖 시련을 겪은 대한민국 민주주의의 산증인이자 남북화해에 앞장선 정치가임은 분명한 사실입니다.

한국의 민주화운동

일제 강점기와 해방, 곧 이은 분단과 전쟁 그리고 독재 정치까지 대한민국의 20세기는 그야말로 혼돈의 시대였어요. 해방 이후 가난과 독재라는 암울한 시대를 거친 한국이 세계 선진국이 될 수 있었던 것은 시련이 닥쳐올 때마다 모든 국민이 힘을 합쳐 불의에 맞서 싸우고 국민의 삶을 개선했기 때문이에요. 한국사를 대표하는 민주화운동 몇 가지를 소개합니다.

4·19 혁명

시기: 1960년 4월 19일
내용: 학생들과 시민들이 주도한 반독재 민주주의 운동으로 419혁명 이후 이승만 대통령은 하야했다.

자유당 이승만 정권은 1948년부터 1960년까지 불법 개헌을 하면서 12년 동안이나 장기 집권했어요. 현재 대통령 임기가 5년임을 고려한다면 12년 동안이나 대통령직을 맡은 건 정말 긴 기간이었죠. 그리고 제4대 대통령 선거를 앞둔 1960년 1월에 민주당 대통령 후보였던 조병옥 박사가 선거운동 중에 사망하는 일이 벌어집니다. 유력한 당선 후보인 조 박사가 사망하면서 이승만 후보가 단독 후보가 되자 자유당에서는 부통령 후보 이기붕을 함께 당선시키기 위해 부정선거 활동을 시작합니다. 1960년 3월 15일에 시행된 선거에서 자유당은 투표함을 바꿔치기하고, 득표수를 조작하는 한편, 야당 참관인을 선거장에서 내보내는 등 온갖 부정을 저지르는데요. 이런 사실이 알려지자 경상남도 마산에선 시민과 학생이 모여 부정선거를 규탄하는 시위를 벌입니다. 물론 경찰은 총검을 휘두르며 시위단을 진압했고, 이들을 빨갱이로 몰아 잔인하게 고문했어요. 이후 1960년 4월 11일 마산 시위에서 실종된 마산상고 김주열 군이 눈에 최루탄이 박힌 채 마산 앞바다에 떠오르면서 시민들의 분노는 더욱 커졌습니다. 4월 18일 고려대학교 학생들의 시위를 시작으로 4월 19일에는 전국 시민과 학생들이

4·19혁명에 참여한 시위대

룰라처럼 정치가를 꿈꾼다면

모여 '이승만의 하야와 독재 정권 타도'를 외치며 투쟁했습니다. 결국 이승만 대통령은 부정선거에 대한 책임을 지고 하야했고, 부통령 당선자 이기붕은 일가족 모두가 동반 자살하면서 자유당 정권은 막을 내렸습니다. 4·19혁명은 독재 타도와 부정부패 추방이라는 투쟁을 통해 시민들의 힘으로 민주주의를 이룩한 첫 시도였다는 점에서 의미가 있어요.

5·18 광주민주화운동

시기: 1980년 5월 18일~1980년 5월 27일
내용: 광주 시민을 주축으로 신군부의 퇴진과 계엄령 철폐를 주장한 민주화운동.

1979년 10월 박정희 대통령이 사망한 후 전두환과 노태우 등 신군부 세력은 같은 해 12월 12일 군사 반란을 일으키고 정권을 장악했어요. 언론을 통제하고 국내 정보기관을 장악한 신군부에 반발해 전두환 퇴진을 요구하는 국민들의 시위가 광범위하게 늘어났어요. 특히 광주에선 1980년 5월 초부터 전남대와 조선대학교 학생들 주최로 시국을 성토하는 대회가 연일 일어났답니다. 이렇게 시위가 늘자 신군부는 5월 17일 비상계엄을 전국적으로 확대하고 정치 활동을 금지하는 한편, 대학에는 휴교령을 내리고 언론 보도를 심하게 통제했어요. 그리고 김대중과 김영삼 등 정치가과 재야인사들 수천 명을 연행했답니다. 다음 날인 5월 18일이 되자 광주 지역 대학생들은 전두환 퇴진과 김대중 석방, 비상계엄 해제를 외치며 시위를 벌였어요. 신군부는 공수부대를 광주 시내에 투입해 시위단은 물론 일반 광주 시민까지 폭행, 사살하는 만행을 저질렀어요. 죄 없는 이들이 무차별적으로 맞고 죽어 가는 현장을 본 광주 시민들은 분노했어요. 그들이 시민군이 되어 전남 지역으로 진출해 무기를 획득하고 계엄군에 맞서 싸웠어요.

광주 시민들의 저항이 거세지자 계엄군은 21일에 철수했지만, 27일 전남도청을 다시 무력으로 점령함으로써 5·18 광주민주화운동은 막을 내렸습니다. 정부는 공식적으로 광주민주화운동으로 사망한 사람의 수는 191명이고 852명의 부상자가 발생했다고 발표했지만, 현재까지도 사망자 수는 논란이 되고 있답니다.

전두환을 비롯한 신군부 세력이 주도했던 제5공화국 정부는 5·18 광주민주화운동을 불순분자에 의한 폭동으로 깎아내리기 바빴지만, 1988년 제5공화국 비리 청산을 계기로 진상 조사를 처음으로 했어요. 그리고 1997년 대법원이 5·18과 12·12 진압 관련자를 처벌하면서 5·18 광주민주화운동은 공식적인 민주화운동으로 인정받았답니다. 또한, 2011년 5월에 5·18 광주민주화운동 당시 시민군이 목숨과 바꿔가며 지켰던 기록물들은 유네스코 세계 기록 유산으로 등재됐어요. 수많은 희생을 낳은 광주민주화운동은 군사 독재의 야만적 행위를 세상에 알림으로써 대한민국 민주

룰라처럼 정치가를 꿈꾼다면

주의 발전의 구심점이 되었고요. 1987년 6월민주항쟁에도 결정적인 영향을 미쳤습니다.

6월민주항쟁

시기: 1987년 6월 10일~1987년 6월 29일
내용: 전두환 대통령의 4·13 호헌 조치 철폐와 박종철 군 고문 살인 은폐를 규탄한 전 국민적 시위로 제 5공화국의 종말을 가져온 민주화운동.

1987년 4월 13일 전두환 대통령은 개헌 논의를 중지하고 제5공화국의 헌법에 따라 정부를 넘기자는 내용의 〈4·13 호헌 조치〉를 발표합니다. 민주주의에 역행하는 조치에 천주교 김수환 추기경을 비롯해 각종 재야 단체에서는 이를 비판하는 시국 선언을 발표했습니다. 그리고 전두환 정권의 온갖 방해 속에 김대중과 김영삼이 주축이 되어 창당한 통일민주당은 재야권과 공동 투쟁하기로 했어요. 한편 천주교 정의구현 전국사제단을 대표해 김승훈 신부가 박종철 고문치사사건이 조작 축소되었음을 폭로했습니다. 당시 치안본부 대공 분실에서는 서울대 언어학과 대학생이던 박종철 군을 연행해 폭행과 전기 및 물고문을 했고, 그는 조사받은 지 하루 만에 숨졌습니다. 하지만 정부는 사실을 은폐하려고 '책상을 탁 치니 억 하고 쓰러졌다'며 고문한 사실이 없다고 잡아뗐어요. 이런 사실이 알려지자 국민의 분노는 커졌습니다. 통일민주당과 재야 단체만이 아니라 시민들까지 참여하는 전국 최대 민주화 시위가 탄생하는 순간이었습니다.

6월 10일 시민들은 전국 18개 도시에서 박종철 군 사망 은폐와 호헌 조치를 규탄하는 시위를 벌였어요. 전두환 정권은 총 6만여 명의 경찰을 투입하여 시위를 막았지만, 시민들의 분노를 막기에는 역부족이었어요. 그런 와중에 6월 9일 연세대학교 이한열 군이 교내 시위 중 경찰이 쏜 최루탄을 맞고 사망한 사건이 발생했어요. 6월 18일 전국 14개 도시에서는 20여만 명이 참여한 가운데 최루탄 추방 운동이 벌어졌습니다. 이날 남대문 경찰서는 돌과 화염병에 휩싸이고 전경은 무장해제를 당했어요. 이렇게 시위가 줄어들 기미가 보이지 않자 노태우 민주정의당 대표는 6·29선언을 발표함으로써 직선제 개헌과 민주화 조치 시행을 약속했습니다. 그리고 1987년 12월 16일 국민들의 바람대로 새 헌법에 따른 대통령 선거가 시행되었어요.

정치가과 학생 그리고 가장 움직이기 어렵다는 중산층까지 참여한 6월민주항쟁은 국민 모두에게 민주주의는 스스로 지키는 것이라는 자긍심을 심어 줬어요.

롤라처럼 정치가를 꿈꾼다면

함께 풀어 볼까요?

1　　　　　란 국가의 중대한 사항을 국민이 직접 투표로 결정하는
방법으로 직접 민주정치 제도 중 하나입니다.

2 룰라처럼 자기 생각이 중요한 만큼 다른 사람의 생각이나 행동도 존
중하고 인정하는 행동을　　　　　(이)라고 합니다.

3　　　　　이란 사람이 일할 능력과 시간을 갖고 있지만 취업의 기
회를 갖지 못하는 상태를 의미합니다.

4 인도의 지도자 마하트마 간디가 주장한　　　　　는 국가의 부정
이나 폭력을 폭력적이지 않은 방식으로 저항하는 방식을 의미합니
다. 룰라도 이것을 삶의 원칙으로 삼고 정치 활동을 이어갔습니다.

5　　　　　는 강대한 군사력을 가지고 세계를 지배하려는 강대국의
대외정책으로 미국의 이라크 침공을 대표적인 사례로 듭니다.

6　　　　　은 화폐 가치가 하락해 물가가 크게 상승하는 경제 현상
으로 룰라 집권 전에 브라질은 이것으로 큰 어려움을 겪었습니다.

7 대중의 인기를 기반으로 정치적인 목적을 달성하려는 정치가의 행동
을　　　　　이라 합니다.